新时代武汉会展经济发展研究

陈向军 著

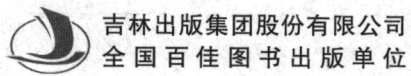

图书在版编目（CIP）数据

新时代武汉会展经济发展研究/陈向军著 . -- 长春：吉林出版集团股份有限公司，2021.10
ISBN 978-7-5731-0571-4

Ⅰ.①新… Ⅱ.①陈… Ⅲ.①展览会-服务经济-研究-武汉 Ⅳ.①G245

中国版本图书馆 CIP 数据核字 (2021) 第 220788 号

XIN SHIDAI WUHAN HUIZHAN JINGJI FAZHAN YANJIU
新时代武汉会展经济发展研究

著　　者	陈向军
责任编辑	杨　爽
装帧设计	优盛文化

出　　版	吉林出版集团股份有限公司
发　　行	吉林出版集团社科图书有限公司
地　　址	吉林省长春市南关区福祉大路 5788 号　邮编：130118
印　　刷	长春市昌信电脑图文制作有限公司
电　　话	0431-81629712（总编办）　　0431-81629729（营销中心）
抖音号	吉林出版集团社科图书有限公司 37009026326

开　　本	710 mm×1000 mm　1/16
印　　张	8
字　　数	150 千
版　　次	2021 年 10 月第 1 版
印　　次	2021 年 10 月第 1 次印刷

书　　号	ISBN 978-7-5731-0571-4
定　　价	42.00 元

如有印装质量问题，请与市场营销中心联系调换。0431-81629729

前言
preface

　　随着我国经济的不断发展壮大,作为"城市经济的助推器""城市面包""城市对外交流的窗口"的会展业也蓬勃发展了起来。从近几年的经济发展实践可以看出,会展行业的发展与一个地区经济发展的联系越来越紧密。一个地区的社会化、开放化、综合化以及国际化与会展行业的发展联系密切。一个地区要想构建现代市场体系和开放型经济体系,就离不开会展业这一个重要平台。因此,在中国特色社会主义进入新时代的今天,如何推动会展业的发展,找到会展业发展的新动能,已成为最新的研究热点。

　　在这一背景下,我国很多城市都开始大力发展会展经济,一些重要城市建设了国际会展中心或区域会展中心。特别是北京、上海、广州等一线城市,由于起步较早,会展业已发展成熟,其举办的一些展会,如"广交会""科博会""高交会"等不仅成为国内知名的展会,还吸引了许多跨国企业的注意,已成功发展成国际知名的会展,成为当地经济发展的新动能。从我国当前会展业发展实际来看,我国的会展规模、服务水准、会展经济都接近国际水平,围绕会展经济,新一轮区域会展经济竞争即将开始。

　　武汉地处我国中部地区,是国家中心城市。进入21世纪之后,武汉因为突出的交通区位优势,经济发展进入了快车道,已具备发展会展业的经济基础,特别是武汉的产业结构比较完善,为会展业的发展奠定了良好的基础。但从近几年武汉会展业的发展来看,武汉并没有利用其独特的优势发展会展业,会展发展效果并不可观,与同为中部地区重要城市的郑州有较大的差距。因此,武汉市政府在2019年明确提出"要将武汉打造成国际会展之都",这为武汉会展业的发展提出了更高的要求。

　　综上所述,在新时代的背景下,发展好武汉会展业,对信息交换共享、技术交流学习、融资引商具有重要影响。鉴于此,为深入了解武汉会展业的发展现状，笔者对武汉市的会展业进行了深入细致的实地调研，并对国际会展业的成功经验进行了剖析，最后在实证分析与理论分析的基础上，对武汉会展行业发展存在的问题进行了梳理，并提出了解决方案和政策体系优化建议，以期为武汉会展行业的持续健康发展提供绵薄之力。

本书是在江汉大学武汉研究院开放性课题《新时代武汉会展经济发展研究》（项目编号：IWHS20191003）研究的基础上完成的。感谢武汉研究院的大力支持！

目录
contents

第一章　导论
一、研究背景 …………………………………………………… 1

二、研究意义 …………………………………………………… 3

三、研究思路、研究框架和研究方法 ………………………… 4

第二章　会展经济概述
一、会展的相关概念界定 ……………………………………… 7

二、理论基础 …………………………………………………… 9

三、文献综述 …………………………………………………… 15

第三章　新时代会展经济发展特点
一、高质量发展 ………………………………………………… 22

二、新技术与新要素的融合 …………………………………… 24

三、创新业态 …………………………………………………… 27

四、新产业发展模式 …………………………………………… 29

五、绿色经济 …………………………………………………… 30

第四章　新时代会展经济影响因素和发展趋势分析
一、会展经济影响因素 ………………………………………… 32

二、会展经济发展趋势 ································· 36

第五章　武汉会展业发展历程

　　一、清末时期武汉会展业发展 ························· 50

　　二、民国时期武汉会展业发展 ························· 52

　　三、中华人民共和国成立初期武汉会展业发展 ············ 54

　　四、社会主义市场经济时期武汉会展业发展 ·············· 56

第六章　新时代武汉会展经济发展概况

　　一、会展企业的分工与协作 ··························· 59

　　二、城市会展业竞争力评价 ··························· 61

　　三、会展企业的机制创新 ····························· 62

　　四、会展经济的产业发展 ····························· 64

　　五、会展产业的品牌化市场战略 ······················· 65

　　六、会展经济的产业关联 ····························· 66

　　七、会展企业协同发展 ······························· 67

第七章　武汉与其他城市会展经济发展的比较分析

　　一、与上海、广州等国内一线城市的比较分析 ············ 70

　　二、与长沙、郑州等国内新一线城市的对比分析 ·········· 81

第八章　新时代武汉会展经济发展存在的问题及制约因素

　　一、武汉会展经济发展存在的问题与挑战 ················ 84

　　二、武汉会展经济发展的制约因素 ····················· 91

第九章　新时代武汉会展经济发展路径优化

　　一、构建现代化的会展场馆体系 ······················· 96

二、促进国际化会展经济发展 …………………………………… 97

　　三、协同关联产业发展 …………………………………………… 100

　　四、促进绿色会展经济发展 ……………………………………… 101

　　五、推动移动互联下会展经济发展 ……………………………… 103

第十章　新时代武汉会展经济发展支持政策分析

　　一、国家支持会展经济发展政策分析 …………………………… 108

　　二、武汉推进会展经济发展相关政策分析 ……………………… 109

　　三、武汉高等院校支持政策分析 ………………………………… 111

第十一章　新时代武汉会展经济发展的政策体制创新研究

　　一、完善会展行业政策法规，加大会展专项资金投入 ………… 114

　　二、增强政府服务职能，开辟会展绿色通道 …………………… 115

　　三、提高会展协会服务水平，增强协会自律意识 ……………… 115

参考文献 ………………………………………………………………… 118

第一章 导论

一、研究背景

当今时代,经济全球化的速度越来越快,这也导致第三产业出现了一些新的经济形态,会展业便是其中一种。近年来,会展业浪潮方兴未艾,全球产值已达千亿美元级别,越来越多的国家开始将会展业作为新的经济增长点。

从理论与实践来看,会展的定义有狭义与广义之分。欧洲的会展是从狭义上来定义的,比较纯粹和专业,其定义主要是指会议与展览。从广义上来看,会展主要包含四个要素:M 全称是 Corporate Meetings,表示企业业务类会议;I 全称是 Incentive Tour,表示奖励旅游;C 全称是 Conventions,表示协会或社团组织会议;E 全称是 Event,表示事件活动。这四类活动有机组合之后形成了 MICE。会展业是服务业的一种,因为它关联着许多其他种类的服务业,所以在理论界与企业界有一些人将会展业的发展作为衡量一个国家经济发展水平特别是第三产业发展水平的一个重要标志,并提出了会展经济这一概念。

武汉市是国家中心城市,近些年来经济发展取得了较大成绩,但作为辐射带动中部和长江中游地区、支撑长江经济带发展的城市,其会展经济的发展仍不尽如人意,特别是经济结构方面仍存在不合理的问题。在新形势下,转变经济发展方式的重点和途径是长江经济带战略对武汉提出的新的要求。在新的要求下,武汉市的经济发展方式要实现两个转变:一是由以前的以工业为主、服务业为辅的模式转变为发挥服务业引领作用、工业和服务业共同发展的模式;二是由以前的以资金和资源投入为主促进经济增长的模式转变为以人力资本和科技投入为主促进经济增长的模式。要实现这两个转变,就需要大力发展会展业,因为会展业对自然资源的消耗较少,对环境基本没有危害,并关联着许多其他产业,发展会展经济可以收获较大的直接和间接的经济效益。因此,武汉发展会展经济是大势所趋,符合武汉建设"两型社会"的总体要求。

近几年，武汉正面临重大的战略机遇期，湖北自贸区的建设、长江经济带战略的实施、以国内大循环为主体的新发展格局的落实、新冠疫情后国家政策对武汉的倾斜等都为武汉市发展会展经济提供了强有力的支撑。首先，建设湖北自贸区为武汉发展会展经济提供了现实基础，要建设自贸区，就必须进行国际贸易合作，而贸易合作的重要载体就是国际经贸合作论坛、博览会等；其次，国内经济循环发展为武汉会展经济提供了保障，作为中部大城市之一，武汉市地理位置优越，融汇了水陆交通，也是长江中游航运中心之地，交通网络辐射近半个中国，它也是华中地区首个且唯一一个可以直航五大洲的城市，国内大循环的落实绕不开武汉这一重要节点；最后，长江经济带战略为武汉发展会展经济提供了战略基础，长江经济带明确要求充分发挥长江经济带横跨东中西三大板块的区位优势，以共抓大保护、不搞大开发为导向，以生态优先、绿色发展为引领，依托长江黄金水道，推动长江上中下游地区协调发展和沿江地区高质量发展。会展经济是典型的绿色经济，武汉发展会展经济符合长江经济带战略的要求。

会展业被形象地比喻为"城市经济的助推器""城市面包""城市对外交流的窗口"等，会展行业的发展与经济发展相关联，凸显了社会化、开放化、综合化以及国际化的特征，是构建现代市场体系和开放型经济体系的重要平台。十九大报告指出，中国特色社会主义进入了新时代。如何在新时代下寻找会展业发展的新动力与新发展成为研究的热点问题。我国有很多地区及城市纷纷建设了国际会展中心、区域会展中心等项目，尤其是在北京、上海、广州一线城市，会展行业发展逐步成熟，还形成了专业的会展协会组织，如"广交会""科博会""高交会"等会展协会组织，不仅在国内享有盛名，更是跻身国际会展行列。发展至今，我国的会展规模、服务水准、会展经济都趋近国际水平。围绕会展经济，新一轮区域会展经济竞争即将开始。毫无疑问，会展经济成为区域经济的新增长点，其拉动效应极强。

武汉市政府在 2019 年明确提出，武汉要打造国际会展之都。作为中部地区的核心城市，武汉市经济基础雄厚，交通区位优势突出，产业结构完善，这均为会展行业发展提供了良好的外部条件。武汉会展突出了其独特优势，但是会展发展效应并不可观，甚至还没有进入会展名城名录中。经济新常态下，发展好武汉会展业，对信息交换共享、技术交流学习、融资引商具有重要影响。因此，深入武汉展开实际调研，了解武汉会展的发展现状，参考国际会展业成功经验，结合地区特色探索一条独具特色的会展发展之路是当务之急。笔者通过实证分析与理论分析，希望可以为武汉会展行业发展存在的问题找出解决方案，优化政策体系，为武汉会展行业的持续健康发展提供更多帮助。

二、研究意义

经济发展逐步朝全球化和一体化方向迈进，会展行业成为城市国际化、经济发展水平的晴雨表，会展行业的经济效益、社会效益是不容忽视的，与之对应的会展经济成为国民经济的重要组成部分，通过丰富多彩的会展活动，推动了城市之间的信息沟通、资源共享，逐步减少了彼此之间的差距。因此，对武汉会展经济的发展现状和不足进行分析，提出优化发展武汉会展经济的路径具有重要的研究意义。

（一）理论意义

本研究在会展经济研究已有的基础上扩充会展业促进区域经济发展相关研究成果，丰富和发展会展经济理论研究，具有重要的理论价值。本研究在分析国内外学者研究的基础上，从会展业深度介入经济发展的视角来重新验证会展业在我国国民经济中的基础地位、影响地位与战略地位，对其中的机理进行深入研究和剖析，有利于明确会展业在经济增长中的影响作用及其与各产业之间的相互联系。本研究有助于丰富和发展会展业基础理论，弥补该领域的理论空缺，为相关研究提供更多的理论与经验支持，具有重要的意义。

（二）实践意义

第一，实地调研国内外会展业的发展状况，对武汉会展经济进行研究，并将其与发达国家前沿先进会展经验进行深入比较研究，为国内大型城市会展经济发展提供参考。分析目前武汉会展业发展中存在的问题、困境和瓶颈，有助于深化供给侧结构性改革，对于指导新时代武汉会展业的发展具有十分重要的现实意义。

第二，通过对武汉会展业发展的实地调研考察，对武汉历年会展的投入产出进行横向与纵向分析，能够较好地发现会展业在整个国民经济中的影响地位、基础地位与战略地位，厘清会展业与其他行业的产业关联效应，充分明晰会展业在国民经济中的地位。对新时代会展经济发展的路径与影响程度、相关主体的福利效应等进行深入分析，为会展直接运营单位有针对性地进行实践提供参考，为相关管理和决策主体制定宏观战略铺设道路。

第三，对新时代武汉会展经济发展影响因素的分析有助于政策制定者把握当前武汉会展业的发展状况以及相关政策对会展业发展的影响。本研究拟结合会展业的发展规律及变革，分析影响会展业发展的相关要素；依据提取的影响要素，结合国内外关于会展业发展的指标情况，对评价指标进行分类和图谱关系分析，采用关键因子分析法甄别核心指标，并构建武汉会展经济发展影响因素指标体系；最后，参照指标体系，依据会展业不同的应用场景，选择优化评价方法，研究成果有助于政策制定者准确把握武汉会展经济发展现状与方向。

第四，新时代会展经济发展的路径选择可以为武汉发展会展经济指明方向，进而有助于构建效率与公平兼顾的武汉会展经济发展的政策体系。

第五，本研究从动态比较和演化视角出发，系统梳理和总结我国近20年来与会展业发展相关的各类政策及其之间的关系，在产业链视角下对会展业的国际经验实践进行分析，围绕"概念内涵界定—类型划分—特征归纳—影响特征—经验提炼"的研究路线，对欧美发达国家的会展业的经验和发展规律进行系统、全面的把握，为武汉会展经济发展提供借鉴；在此基础上讨论武汉会展经济政策发展的基本特点和发展规律；最后对武汉会展经济发展的制约政策因素进行分析，为我国会展经济发展政策体系的完善与优化提供决策建议。

三、研究思路、研究框架和研究方法

（一）研究思路

本研究遵循"提出问题—内涵、方式—理论基础—影响机制—路径研究—实证检验"的研究路径，采用文献研究、理论研究、访谈调研、模型分析、案例研究和模拟仿真等多样化、定性与定量相结合、理论与实证相结合等方法展开论述分析。研究思路主要分为三个方面：首先，根据研究条件、优势，明确武汉会展经济发展的研究方向。其次，围绕研究方向与研究关键词，检索大量文献资料、市政政策、国内外会展发展情况等，这些均为实证研究奠定基础。实地考察发达国家会展以及国内城市会展（广交会、上博会等），从理念、会展布局结构、模式及政策几个方面优化设计，总结成功经验与做法。再次，对武汉会展业深度介入经济发展的影响因素和影响机理进行研究，在此基础上，采用仿真优化等方法，识别、提取和构建新时代武汉会展经济发展的路径体系。最后，构建会展业政策优化模型，从政策目标、政策措施和政策力度三个方面对前文收集到的政策进行量化分析，进行武汉会展经济发展的政策体系创新与优化研究。

（二）总体框架

本研究主要包括五个方面的内容。

第一部分：新时代武汉会展经济发展面临的挑战研究。本研究首先对"新时代武汉会展经济发展"的概念及包含的内容进行界定，对会展业深度介入经济发展的方式进行研究，建立相关理论模型，分析会展业深度介入经济发展的作用机理，并运用实证方法对其进行验证。在此基础上，对武汉会展业的发展历程和发展趋势进行梳理，基于新时代武汉会展经济发展亟待解决的四大问题（一是不断升级的会展业"品质化"需求；二是"一带一路"倡议推进会展业"国际化"发展；三是新技术层出不穷，会展经济面临"智能化"发展；四是各相关产业与会展业"一体化"发展），通过理论联系实际的方法，提出武汉会展经济发展的总体战略方向。

第二部分：新时代武汉会展经济发展的现状与问题分析。通过文献研究和深度访谈调查研究相结合的方式，一方面对武汉会展经济相关研究进行文献梳理，另一方面实地调研考察国内城市会展业的发展状况，对先进会展经验进行深入比较研究。同时，对武汉现有大型场馆的空间布局和规划、管理经营模式、场馆建设效益、服务质量等存在的问题进行调研，把握目前武汉会展经济发展的瓶颈问题，为后续进行路径选择与构建政策优化体系提供参考，并在实证分析环节对各项考察指标及表现进行深入分析。

第三部分：新时代武汉会展经济发展的影响因素研究。本部分主要在梳理文献的基础上，提出新时代武汉会展经济发展的影响因素，为后文优化武汉会展经济措施奠定基础。

第四部分：新时代武汉会展经济发展路径的相关研究。基于前文，深入分析新时代基于深度介入的会展业发展存在的障碍，探索新时代基于深度介入的会展业发展的路径并验证其可行性和作用机理，构建基于深度介入的会展业发展路径的保障体系。

第五部分：新时代武汉会展经济发展的政策体系创新与优化研究。总结欧美发达国家、韩国等的会展业相关政策运用实践与经验。通过比较和演化视角，借用制度理论，剖析和总结不同发展阶段的国家和地区的会展业发展特征与经验，吸取观念和模式优势，比较武汉会展业发展与这些国家政策的异同点，直面武汉会展业发展的现实难题，探讨中国情境下会展业发展受制约的发生机制。结合前文研究结论，即会展业发展评价体系、会展业发展路径选择、我国会展业政策体系现状和国外会展业发展的实践与启示，从政策目标、政策措施和政策力度三个方面对前文收集到的政策进行量化分析。识别实现会展业发展的政策目标，对武汉会展业现有政策体系中的相关政策进行梳理，了解所有政策中需要废除、完善和创新的部分，对现有政策体系进行完善与优化，最终构建新时代武汉会展经济发展的政策体系，以促进会展经济的高质量发展。

（三）研究方法

（1）理论研究：通过梳理国内外学者的研究成果，以现有的理论为基础（包括马克思经济理论、非均衡增长理论、信息理论、交易成本理论、需求理论等），结合会展业介入经济发展的相关特征，进行理论的分析与推演，构建适用于本研究的会展业与经济发展的理论体系，为相关定性研究奠定基础。

（2）实地调研：本研究结论建立在实证研究的基础上，首先通过规范的流程确定本次研究的调研指标，其次根据预调研的反馈结果对问卷进行进一步修正，对预调研过程中发现的可能导致调查结果出现偏差的因素在正式调研过程中进行最大限度的控制，保证正式调研的科学可靠。研究借助 SPSS 数据分析软件，同时通过多种统计学分析方法对数据进行处理，为研究结论提供支持。

（3）统计研究：对于影响因素、介入方式、内容、时机、程度之间的逻辑关系的验证与补充采用构建经济模型的方式进行研究。

第二章　会展经济概述

一、会展的相关概念界定

会展是一个综合性的平台和载体，各行业人士在会展平台上进行信息交换、物资交流，最终达成合作意向。会展业是当今社会发展到一定阶段的产物，不仅能够反映企业的价值理念、文化观念，在一定程度上还能反映社会的整体经济发展状况与文化发展状况，促进经济增长。一般认为，会展的含义分为两层：会议与展览。广义的会展包括国际会议、国内会议、博览会、展销会议、节庆活动、体育赛事等，包含会展的外延；狭义的会展是指组织会议或展览，将不同的参展人员汇集在一起。会展不仅能够为不同的群体创造信息交流、物资交换、商务活动平台，还能为会展企业创建对内沟通交流、对外传递信息的桥梁。会展在国际上被称为 MICE，代表的是 meeting、incentive travel、conference、exhibition。由此可见，会展在国际上通常被理解为会议、旅游、讨论与展览。

（一）会展业

会展业是一个高速发展的新兴产业，能够为国家和地区带来经济的增长。国际和国内对会展业的概念没有明确的界定，但是目前主要有四种主流概念：第一种，会展业是"会议"与"展览"的结合；第二种，会展业是由许多人聚集而组织的集体活动，大到节日庆典、国际国内赛事等，小到展览、会议等；第三种，会展是集展览和会议于一体的集体性大型活动，在特定的区域内，定期或不定期组织多人参加并进行相关信息的交流；第四种，会展业是指特定主题的信息沟通与交流活动。

会展业在举办展览和会议的过程中，为参展商、参展人员提供相应的场所与服务，这个过程能够为会展企业带来经济利益与社会效益，拉动地区经济发展。根据相关数据统计以及国家认定，会展业被划入服务业，是服务业的一种，同时被称为会展中心，集会议与展览于一体，为参展人员与参展商提供信息交流的场所，促进商业合作，进行市场营销，会展业在信息交流的过程中扮演着中介以及桥梁的角色。由于会展企业的特征，会展业被称为"朝阳产业"与"无烟产业"，同时经济学家将会展业与旅游业、房地产业等并称为新经济产业。

（二）会展经济

由于会展业的辐射范围较广，与多种产业融合发展，能够带动其他产业经济发展，所以会展业与会展经济密不可分。会展业的组织者通常是企业、社会团体、政府等，为参展人员提供展览场地，与当地的区域特征、经济发展状况、资源情况相结合，举办综合性的展览。会展经济是将会展产品进行布置展览，对商品进行宣传，促成交易，提供各种服务，是一种新兴的特色经济。

会展经济包括各种展览、会议、博览会、交流会等，是第三产业经过发展形成的更具有综合性与关联性的新型经济形式，会展经济的产生可以作为地区第三产业发展完善的标志。会展经济的概念有广义与狭义之分。广义的会展经济是指以会议和展览为媒介，通过会展业举办的各种会议与展览带来的商务合作、信息交流、资源互换、商业发展等经济利益与社会效益，形成的以会展活动为中心的促进经济增长的经济效应；狭义的会展经济是指在举办会议和展览的过程中，参展人员从会展中能够直接获取收入的经济现象和行为，主要是指展览会等直接进行交易的会展。

1. 会展经济的特征

会展经济是社会经济发展到一定阶段的经济现象，下面对其特征从宏观和微观两方面进行阐述。首先，从宏观层面来分析，会展经济的发展能够促进社会发展，优化社会资源有效配置。在经济发展的过程中，会展业扮演着沟通参展商与参展人员的中介作用，有效地将生产与消费联结在一起。一场会展活动的成功举办将大量的生产者与消费者联系在一起，为参展人员的信息沟通与交流、商品交换提供了平台，进一步促进商业合作。会展促进了商品的交换，简化了商业流程，降低了交易成本，提高了经济效益。其次，从微观角度分析，会展经济作为服务中介，体现商品营销的理念。会展经济的本质是促进供应方与需求方两者之间信息的有效沟通、商品的交换。会展以各种信息为媒介，不直接参与经济贸易活动，通过为参展人员和参展方提供交流平台和相关服务获取一定的经济利益，体现中介的作用。会展经济发展壮大是因为减少了中间环节，降低了交易成本。会展作为人流、物流、商流、信息流的集中地，能够有效地降低信息获取与信息搜集的成本，由于组织单位的权威，还能有效降低契约成本，主要体现在企业营销方面。

2. 会展的经济表现

一是举办会议、展览的活动本身所产生的经济现象。会展主办方、提供服务的企业、展览场馆、宣传方等在会展活动举行的过程中发生的工资支付、利润、税收等经济行为。二是会展活动举办带来经济收入。会展的成功举办能为会展企业带来经济利益，为会展城市带来餐饮、住宿、交通、通信、旅游等商业收入。三是举办会展活动达成的商业贸易活动，包括产品交易、商业洽谈带来的贸易活动、投资等。四是会展业的发展带来的经济活动，城市为会展业的发展创造了条件，如场馆选址及建设、餐饮业、交通业、旅游业的发展等，为更好地开展会展活动，必须保障基本的基础设施建设。

综上分析可以看出，引入会展、会展业以及会展经济的概念，了解到会展业的发展是以会议、展览等会展活动的组织举办为基础的，随着会展业进一步发展，达到一定规模，会展经济产生。会展经济的发展倒逼地方政府完善基础设施建设，为保障更高水平的会展活动，必须让参会人员进得来，走得出去，住得舒服，看得全面。会展、会展业以及会展经济之间是相互联系、相互影响的，它们共同推进了社会的进步与发展，也是社会主义市场经济发展的产物。它们基本反映了会展、会展业、会展经济三者逐层递进和扩展的关系，涉及的主体范围逐渐扩大，影响范围也随之扩大。

二、理论基础

（一）政府作用理论

我国的经济体制由计划经济体制转变为社会主义市场经济体制，具有中国特色。在社会主义市场经济体制的背景下，政府在我国会展业的发展过程中扮演着十分重要的角色。在会展市场中，政府作用理论能在处理市场与政府的关系中提供理论基础。在社会主义市场经济体制的大环境下，虽然政府的宏观调控已经逐渐放宽，但是从市场的整体经营来看，政府的管理职能、服务职能还是在市场中长期持续存在的，会展经济发展过程中，也十分需要政府的作用。政府的作用主要体现在两个方面：一方面是对企业进行指导、经济扶持、政策扶持等的政策支持；另一方面是政府对市场的调控，联系各行业主体，建立行业协会，促进行业健康发展，良性竞争。

会展业的乘数效应对第三产业的发展壮大具有明显的作用，提高城市的知名度，带动城市内的招商引资。由于会展经济的带动作用，各地政府对会展业的发展都十分重视，不但提供资金支持促进会展的举办，而且设立相关机构、协会对会展进行管理，政府也出台了相应的政策支持会展业的发展。

政府政策对会展行业完善发展有直接影响，政府的开放化政策、资金扶持等都会影响到会展整体规划与战略。调查了解到，武汉市政府根据会展市场的转型发展现状，决定让出会展业主体经营的位置，通过政府授权，以政府委托的方式将会展的举办事宜转移给会展经营企业。由政府进行扶持的会展品牌，政府将采取补偿的方式，有偿退出，在财政部门、国有资产部门、会展主管单位等的监督下，进行转让，会展企业获得会展的主办权。武汉市积极与国内外知名企业合作，创造机会成立会展企业、寻求投资合作或举办展览会议。随着武汉经济日益发达，经济发展逐步呈现开放的特征，武汉推出了很多利好政策，促进了武汉会展行业的持续发展，助推武汉开拓国际国内市场，进一步加大对中小企业参与会展的支持力度。

随着社会主义市场经济体系建成以及完善，我国政府作用理论逐渐发展并得到完善。对于政府作用的转变可以从三个方面进行理解：第一，政府作用总量调适变化；第二，政府作用结构调整；第三，政府作用实现手段变化。政府作用细分为政府与市场、社会、企业、经济政策工具、机构五个变量。从政府作用总量的调适变化来看，政府作用的转变是在对政府与市场、政府、社会等多种关系中界定政府作用与适用范围；从结构的调整方面来看，包括政治作用、社会作用、经济作用三者之间的调适，推动地区经济发展；从政府作用的实现手段来看，大致包括政治手段、经济手段、法律手段、政府宏观调控、公共事业的建设等。政府作用是以公共利益为目标的，公共利益是通过对社会集体共同的利益观的建立形成的共同承担的责任与利益。政府应该增强服务意识，从道德和责任的角度出发，建立公平、公正、公开的制度，确保沟通的渠道通畅，及时对收到的信息进行处理，然后给予反馈，保证执行过程公平公正，从公民的实际利益出发解决实际问题。另外，公民也需要提高参与度，相信政府，对政府的管理以及服务，积极主动地提出相应意见和建议，确保信息的沟通。

政府在我国会展业发展进程中的主要职责是公共服务以及对产业进行引导，但这两项职责会随着实际情况的变化而改变。在会展业初步形成和发展阶段，政府在发挥职能时主要对会展业进行引导，提供相应服务，直接或间接参与到会展行业中，保证会展行业的初步发展，让会展行业能够适应社会及市场的发展，为会展的发展提供良好和谐的氛围，制定切实可行的政策，推动会展快速发展，推动会展行业与其他相关产业共同发展。由于我国会展业发展相对较迟，依靠普通的市场很难推动会展业的发展，政府的支持显得尤为重要。通过全国以及地区治理，对会展业进行合理的安排以及规划，政府相关政策的支持给为会展业的发展提供了机会。

（二）国际竞争力理论

国际竞争力理论是现阶段经济学领域的重要课题之一，如何提升国家的国际竞争力一直是重点关注的问题。很多因素会对国际竞争力产生影响，如国家的经济实力、资源状况、国民整体素质、创新能力、产业发展水平、产业文化等。

国家的经济实力会对国家产业发展水平直接造成影响，经济增长率较高的国家，产业发展空间也相对较大，发展平台更大，也更多；相反，经济增长率较低的国家，产业发展空间相对较小，经济状况偏弱的国家，相关产业的利润额、销售额也较低，国际竞争力相对较弱。国家资源状况对产业发展也有一定影响，国家的资源状况对产业发展起点以及产业所具备的优势起到决定性作用。国家就业结构、基础设施建设等其他因素以及国家国民素质的高低都能够对产业发展产生重要影响。

在产业发展过程中，产业自身是否具有创新能力十分重要。这里的创新能力主要包括管理层面的创新、市场创新、产品技术创新等，其中对产品的研发能力、创新能力主要表现为技术层面的创新，对市场的创新、管理制度的创新则与管理能力、学习能力有关。与此同时，产业文化能够推动企业对日常经营活动的管理，促进相关产业的进一步发展。

赫克歇尔提出了要素禀赋理论，该理论强调在完全竞争的市场关系中，如果某一国生产的产品属于劳动密集型，另一国生产的产品属于资本密集型，通过国际贸易活动会使其形成分工，产业逐步发展，资源会被重新配置。谁的经济发展程度高，谁就具有资源配置权和主导权，而国家开放程度高，资源利用就会充分，就会推进要素禀赋产业发展。该理论是根据同类产品贸易特征总结的基础理论，它指出规模经济的发展能够推动国家专业化生产的进程、产业内贸易的产生，国家经济开放程度的提升能够促进产业内优秀企业的胜出，淘汰相对较差的企业，从而实现资源最佳配置与利用。深入欧美市场看，市场已经趋于饱和状态，很多知名会展公司开始进入中国市场，因此国内会展竞争更加激烈，给国内会展行业的发展带来双面影响，同时对会展行业的管理和运行也造成了一定程度的影响。

我国经济发展程度的经济开放程度与会展业的发展密切相关，正如迈克尔·波特提出的国际竞争理论。他表示，国家竞争核心是不同行业综合竞争的问题，具有优势的产业通过竞争活动体现出其优势，比较优势或竞争优势的因素会对产业产生一系列的连锁作用。因此，为了增强产业的竞争优势，政府需要营造一个公平合理的外部环境。

竞争能够促进一个产业的发展，会展企业的发展离不开同行业的良性竞争。会展企业之间的竞争能够激励会展企业提升企业竞争力，提高服务效率，提高会展企业的持续经营能力。由于市场环境复杂多变，在市场对需求难以准确衡量的情况下，企业的竞争力保持时间相对较短。企业处在这样的大环境下，要想得到长远发展，必须借助外部竞争的作用，激发企业的内部发展潜力，在竞争中保持企业自身的优势。

会展业的区位竞争力能够影响会展业的发展，地理区位条件、经济区位条件、交通区位条件等都能在一定程度上对会展业的发展造成影响。我国地理位置优越，会展经济相对发达的地区竞争激烈程度、基础设施建设等条件都能促进会展经济的发展。会展业在经济发达的地区的市场环境中有了长足发展，基础设施等方面条件优秀，促进会展业的发展。近些年会展行业发展态势良好，会展资源丰富，人们对会展行业的认识逐渐加深，会展经济的重要性逐渐凸显。为了加强对会展业的科学管理，完善市场秩序，各地区纷纷结合实际情况对会展业进行完善。

重要的生产要素条件涉及大量、长期的投资、专业化管理。高等要素生产，包括对新兴技术的投入、现代化生产、科学技术的应用、研究机构的设立等，都需要高端的知识与技术，会展业作为新兴产业更需要研究院的支持和高端技术人才的投入。与会展经济的发展相比较，对会展的理论研究相对滞后，对会展人才的培养也需要加强关注。

（三）公共产品理论

公共产品理论将社会中的经济产品分为公共产品和私人产品两类。公共产品理论认为，两者的区别在于私人产品具有竞争性和排他性，而公共产品不具备这两个属性。非竞争性是指消费者在消费公共产品时，不论对此产品的需求人数是多少，所付出的价格都相同，他人对公共产品消费不会对消费者的合理消费造成影响。非排他性是指消费者在进行消费时，不能排除其他人也消费相同类型的产品。非排他性的原因主要是成本过高，违背了经济发展要求，并且不具备相应的技术条件。

根据对公共产品进行分析，能够将社会上经济流动的产品划分为公共产品、私人产品、俱乐部产品、公共池塘产品四类，后两类是准公共产品。所谓的准公共产品不是公共产品，也不是私人产品，界于两者之间，其最大特征就是拥挤性。当一个人在对公共产品进行消费时，有数量较多的其他消费者的加入，人数逐渐累积增加，当人数增加到一个固定数额时，成本会有所增加，这是与公共产品不同的地方。除此之外，公共池塘产品和俱乐部产品的竞争性的表现形式也有所不同，俱乐部产品初期投资很大，而参与人数与初期投资不成正比，其属于非竞争性产品，而公共池塘产品参与人数较多，属于竞争性产品。一般而言，公共产品是由政府提供的，而私人产品则是由企业提供的。公共产品的目标是最大限度地为人民服务，提供更高质量的产品与更贴近人民需求的服务；私人产品的目标是最大限度地将私人企业的利益最大化。从理论而言，公共产品与私人产品有很大的区别，但是在现实生活中，两者没有明确的划分界限与标准，所以目前市场上存在的大量产品都处于这四类产品的临界点上。

还需要注意的是，竞争性与排他性没有较明显的差别，公共产品的理论并不是一成不变的，会随着社会经济的实际发展状况进行相应的调整，对"公共"的程度进行调节。

塞缪尔森从产品特征入手，将社会产品划分为三种：公共类、准公共类以及私人类产品。根据会展活动特征、会展场馆特征，它应该属于准公共产品，会展消费活动是非排他的，展馆也是如此，不会因为一部分人已经消费了，另外一部分人就不能消费，另外一部分人也不会失去参加会展的机会。会展业由于前期对会展展览场馆的投资较大，而收益相对较慢，大多数都是政府组织的，政府进行调控和扶持，私人组织的相对较少。从我国经济当前发展状况来看，运用公共产品理论进行分析具有很重要的理论意义。

传统的公共管理模式中，公共产品和公共服务往往由政府提供，然而在公共产品供给的过程中，不可避免地出现效率低、成本高、官僚主义、寻租行为等不良现象，公共产品的供给效率有所降低。会展业作为一个综合性较强的产业，对基础设施建设、服务要求很高，这就造成了公共产品的垄断与会展活动的市场化相矛盾的情况。这种情况可以通过公共产品的市场化来解决，一方面降低政府的成本，另一方面将决策权与执行权分开，能够有效保证公共服务提供者的多元化。

（四）产业关联理论

产业关联理论也称产业联系理论，提出该理论的是学者里昂惕夫。产业关联理论研究的内容是，社会经济发展过程中，不同类型的产业之间会因为技术因素产生经济关联，产业的中间收入与中间产出有必然联系，缓解了国民经济中的产业比例问题。该理论定量分析了产业关系，得出了产业投入、产业产出的对比关系。当前,有关产业关联理论的研究成果较多,应用较广泛,该理论常被运用到经济问题研究中,如城市经济、国家经济、产业经济等。会展行业是新兴产业,关联效应突出,开展会展活动需要运用基础设施、场馆等,会展产业的发展势必会推进建筑行业发展,推进城市交通完善;会议展览举办的过程中,会展经济能够带动运输业、交通业、旅游业、餐饮业等行业的发展;会议展览完成之后,能够促进新闻业、物流业等行业的发展。笔者根据产业关联理论,研究了各个关联产业之间的联系,为会展业关联经济的发展提供依据。

一个产业发展态势良好,具有较强的竞争力,很大部分原因是这个产业不是单独存在的,与它相关联的产业以及支持该产业发展的状况密切相关,此现象可以用产业集群现象来解释。产业想要形成独特的产业竞争力,需要与供货商以及上下游产业保持合作,共同发展。目前会展业在第三产业发展中占据重要的地位,对国民经济有较大的贡献,不仅有自身发展带来的价值,还包括对其他关联产业的带动,这使越来越多的人关注会展业的发展。

产业关联理论能够解释很多产业之间的关联效应,并且普遍存在于各个产业中。会展业的关联效应分为三类,分别是前向关联、后向关联以及旁侧关联。从具体发展情况分析,与会展业前向关联的产业有建筑业与制造业,与其后向关联的产业有:餐饮业、交通业、运输业、广告业、传媒业等产业,与其旁侧关联的产业有旅游业、环保业等产业。产业关联程度越高,经济效益越明显。

不同产业之间的生产活动整体有机构成了经济系统,产业发生经济活动,不可避免地与其他产业发生关联。产业生产过程与其他产业的联系是多层次的,可能是技术层面,也可能是产品服务层面等,诸多方面的联系构成了产业关联理论的内容。从形式上看,产业关联主要表现在以下几个方面:

(1)生产产品或服务与社会再生产的过程相关联。关联产业之间需要互相提供产品以及服务。例如,在农业与工业的产业关联中,工业为农业提供农药、肥料、机械等,农业为工业提供生产所需的原材料。产业关联不仅表现在数量上,还表现在质量和技术方面,一个产品的质量和技术含量发生变化时,会引起其他相关产业产品质量、技术含量发生变化。

(2)产业之间的就业关联。不同产业的规模、技术特征会有所不同,技术特征对生产者的素质要求也有所区别,所以不同的产业对其从业人员的学历、素质要求也有所差别。整体的社会劳动力资源是有限的,将有限的劳动力资源分配到不同产业的占比就构成了产业之间的就业关联。

(3)产业之间的技术关联。技术关联是由产品的生产技术决定的,构成了产业间技术经济联系的基础。从目前社会经济的发展情况来看,任何一个产业都或多或少与其他产业的技术经济有所联系，任何产业都以其他产业的中间产品作为生产要素。但是其联系也不是保持不变的，随着经济的发展、社会的进步、技术的提升，相关产业也会发生改变。某一个产业的技术有所进步，降低物料消耗，提升劳动生产率，使生产成本有所降低，必然会带动相关产品生产成本的下降，促进生产行业的发展。

（4）产业间的价格关联。价格关联作为技术经济的表现形式，实际上是产业之间产品与服务关联的货币表示。在当前经济的发展过程中，产业间的产品与服务的投入产出关联是以货币为媒介的，表现形式为价格关联。

（5）产业间的投资关联。投资是市场需求引起的，能够提高产业的生产能力。产业想要得到发展，就需要增加投资，提高产业的生产效率，随着产业生产效率的提升，产业的生产能力也有所提升，由于产业关联的作用，会使有所关联的产业增加投资额，提高生产能力，保持产业之间的发展均衡。例如，对运输业的投资能够促进相关联产业的发展。

会展行业具有中间渠道的特征，众多企业通过会议展览进行信息交流、商务洽谈、刺激消费、提供服务，会展业需求的增长能够促进交通运输业、旅游业、餐饮业等各行业的发展，同时能够提升城市对基础设施的建设水平，给各产业带来收入的大量增加。与此同时，通过会议与展览的举办，国家的贸易也能得到相应发展，增加进出口贸易额，改善进出口结构，提高国家对外资引进的质量，增加产品附加值，进而促进贸易的发展。会展业具有强大的经济带动效应，带动多种行业共同发展，创造就业机会，为城市发展带来经济效益。

三、文献综述

会展是随着社会生产力的发展而形成并发展起来的，会展研究在国外有近百年的历史，在国内仅有几十年。与会展业的发展变化相比，理论性研究的发展步伐是相对缓慢的。

（一）会展业内涵和功能研究

会展有很多说法，如会展活动、会展行业、会展经济，这三个概念相互关联，又具有本质区别。会展行业包含会展活动，为保障活动顺利开展所做的各种准备会产生直接经济效益或间接经济效益，甚至还会引发社会效益（潘杰，2001）。会展业就是各种会展活动的综合体现，是规模化的行业群体，会展业是一个完整的产业链，包含策划、宣传以及服务等环节（张雪健，2003）。会展业推进了资源流动与发展，促进了社会经济进步。相比之下，会展经济定义范围更大，它是指会展活动举办过程中带来的行业发展、交易等一系列经济活动（Kristin Chrisman，1991）。此外，张健康（2006）分析了会展发展的历史，研究了会展形成的过程。任国岩（2004）分析了会展业发展的现状，并预测了其未来发展。马勇（2004）和刘大可（2004）分析了产业发展与会展发展。应丽君（2003）深入探讨了会展业概念，并提出了相关理论。保健云和徐梅（2000）联合出版了《会展经济——一种蕴藏无限商机的新型经济》，对会展业内涵进行诠释和说明。

（二）会展业与区域经济联动性研究

Brant B. M.（1992）引入了美国佛罗里达州奥兰多市为研究案例，构建投入—产出模型，定量分析了会展业对地方经济的影响，经过定量分析得出结论：会展经济对一个单位美元投资会有正向影响。Kim、Chon、Chung（2003）研究中也使用了投入—产出模型，分析了会展业进出口、产能以及税收的相关关系，得出研究结论：会展行业是高产出行业，对地方经济发展具有积极影响。国内学者赵驹（2012）基于经济发展创新理论展开研究，论证了会展业与区域经济的关系，还将会展服务方向分解为5个层面，即产品层、技术层、市场层、原料层以及组织层。会展行业发展会推进投资发展，改善消费结构，实现经济效益。胡平（2006）运用实践调研的方式，对上海新国际博览会展中心展开了调研，得出结论：不同类型的会展活动对经济影响程序均不同，其中排名首位的是工业会展，拉动效应达到了1∶15.12；其次是汽车会展，拉动比例达到了1∶10.41；再次排列分别是食品展、交通物流展、铝工业展、纺织展、体育用品展。牛迪（2013）引入了呼和浩特会展行业发展为研究切入点，论证了会展业务给交通行业、酒店行业以及旅游行业带来的积极影响。甄明霞和欧阳斌（2001）基于产业关联理论，讨论了与会展活动相关的产业活动，综合对比行业内部的经济效益，提出了会展行业具有明显的效益性。王轶等（2011）总结了会展行业对北京经济的影响，构建了分析模型，提出了研究假设：其一，北京会展行业发展促进了区域经济的发展，带动了相关产业的发展；其二，区域经济发展反过来会推进会展行业、会展经济的发展。丁烨（2013）参考了国民经济核算理论，构建了完善的评估体系，客观评估了会展经济与国民经济的影响与贡献，从供需平衡的视角看，独立的会展活动推进了会展经济的发展，进而促进了国民经济的发展。

（三）会展业与相关产业的相关性研究

学者王晓（2012）提出会展行业是现代服务行业的代表，它并非独立存在的行业，与旅游业之间存在紧密关系，两者相互影响，相互交叉，受到联动效应的影响，促进了城市经济的发展，带动了区域资源的流动和配置，更多参展人员、参展企业会来到会展地区，带动了地方经济的发展，进一步推动了旅游行业的发展。吴开军（2011）从定量分析的角度，对会展业、旅游业的相关性展开了分析，还对两者进行了合约式联盟和股权联盟动因、处于不同产业链位置的联盟动因、不同类别组织间的联盟动因的差异性进行了分析。会展促进了旅游行业的发展，也带动了酒店行业的发展。肖红艳（2011）表示会展行业促进了酒店行业发展，两者之间的客源、信息都是可以共享互换的，酒店成为保障会展活动顺利进行的基础设施。程露悬（2002）引入广州会展行业为研究对象，讨论了广州会展与酒店业的关系，会展经济优化了地方经济结构，推动了酒店业成熟发展，酒店行业的成熟发展为更好地举办会展提供了保障，满足了参会人员的良好居住体验。关于会展业与物流业的研究，时丹丹（2014）表示，会展活动脱离不了物流行业，会展物流就是产品从空间到另外异空间的转移，这一运作体系就是会展与物流共同形成的结果，会展行业推进了物流完善发展，反过来物流的成熟发展也推进了会展行业发展。

综合以上几个方面的分析，会展业与相关产业之间存在相互拉动、相互影响的关系，尤其是作为新兴产业，会展行业并不独立存在于市场中，它与其他经济体共同合作，共同发展，共同致力于区域经济的发展。正如奥伯曼和乔恩（Opperman and Chon，1997）研究得出的，会展旅游者选择某些会展产品或旅游产品都会经过5个过程，分别是辨别需求点、捕捉信息点、选择最优方案、决定购买、购买评价。最终影响会展旅游者选择决策的因素有内部因素和外部因素，如个人经济实力、外部交通环境、承办方因素等，因此组织会展之前需要明确参与者的需求是什么。色沃特等（2007）分析了影响会展旅游的因素主要有5个方面，即机会娱乐、营销渠道、学历情况、参与便捷、商品贸易，他还提出了会展旅游、会展组织所选择的目的地很接近。Whitfield（2011）综合使用了IPA分析法与回归技术分析方法，对会展重游率的影响因素展开了分析，讨论了产品类型、会展旅游的发展意义，还提出了提高客户重游率的建议。

（四）会展经济相关研究

国外学者关于会展经济的研究相对较成熟，其研究成果基本上可分为两大类：一是围绕会展经济整理形成的专著，如美国学者翰伦总结了博览会发展历程、展览设计、客户关系维护等内容，后来克里斯汀·克里斯曼出版了《贸易博览会展示大全》一书，对展会筹备、运作管理展开了分析；二是围绕会展整理形成的刊物，刊物介绍了各个国家会展信息资料，但对会展经济研究深度不足，如国际博览联盟推出的《博览会和展览会》杂志，发展至今关于会展机制的刊物资料有很多。国内学者关于会展经济的研究是从2010年开始的，如魏景飞（2010）论述了我国会展行业的发展历程，从无到有，再到最后的规模化发展，会展经济平均增速达到了20%。21世纪初，中国展览活动跻身国际市场，获得了更深入的发展。张璇（2013）提出，在改革开放后期，会展经济发展如日中天，为国家经济发展、社会发展带来了重要影响，会展经济成为国民经济的新增长点，会展行业发展呈现了快速、规模、完善、技术的特征。王文姬等（2015）提出了信息技术的发展正在努力改变会展行业模式，借助"互联网+"实现了很多组合模式，如"互联网+会展""互联网+会展运营"等，在信息技术的推动下，会展经济出现了高品质发展。在"一带一路"倡议下，会展经济促使国家与国家的联动发展。寿怡君表示，中国会展行业的发展需要完善的政策、机制。深化改革开放，强化与国际、其他地区之间的深入合作，推进会展行业的转型发展。成鹏（2016）提出了受"一带一路"倡议的影响，会展经济也开始有了新发展，要举办与地方经济协调的会展活动。在经济改革方面，何继红总结了会展经济的发展现状及不足，突出的问题就是供需不平衡，并提出了应对这一问题的措施，创新发展会展经济，创造会展经济，培育会展人才。刘海莹（2016）表示，会展产业供给侧改革从本质上看，就是将存量盘活，提高供给能力，释放会展经济活力，优化政府职能，减少政策赋税，将会展经济发展主导权交给市场。

关于直辖市与其他省会会展经济的研究内容，笔者梳理了几个有代表性的研究成果，如刘松萍等（2015）总结了广州市是会展经济发展最好的城市之一，不论会展规模、会展教育，还是配套会展设施建设都在全国居首位，在经济新常态化发展的背景下，对推进优化改革、创新改革、市场环境改革以及政策引导建设具有重要影响。朱其静（2016）引入上海市2 100家案例企业为研究对象，运用ArcGIS模型，对上海会展经济的发展现状、会展活动布局特征展开了分析，总结了上海会展未来发展将会逐步朝中心聚集、多轴线拓展的格局发展。李杰（2013）表示，未来几年天津市会展行业将逐步快速发展，天津成为大型的国际会展中心城市，带动各行业整体发展，但是在天津会展经济发展过程中也凸显了很多不足和问题，针对会展现状，提出了优化会展产业链的路径、改进会展场馆硬件建设、完善并引入名牌会展、培养会展人才等建议。李娜（2005）对南京会展行业发展展开了一系列研究，并对本区域的会展经济进行了定量分析，运用产业链理论、SWOT模型对南京会展经济发展提出了一系列优化建议、对策等。周明洁（2012）表示，会展产业会促进昆明经济发展和社会发展，带来的正向影响是非常明显的，但是昆明市会展业与北京、上海、广州会展业相比依然存在突出问题，如会展规模小、会展人才资源匮乏、会展拉动效果不突出等，对此提出了优化建议：优化会展行业体制改革，保障会展规范化操作运营；搭配充足的会展人才，推进会展行业的有序发展，切实提高会展行业的综合实力。

（五）会展业发展模式与政策体系研究

约翰·艾伦（2002）表示，会展业正常的运作模式就是交付给市场运作，政府最好减少干预和引导，政府可以出地，开发局负责招商活动，会展企业进行经营，会展公司辅助经营。日本学者竹田一平表示，会展业形成了会展经济，这成为国民经济的支柱产业，政府主导不会推进会展发展，但是政府设计的开放会展环境、完善的政策却可以推进会展业的发展。比如，德国会展业的发展就是政府与会展协会组织共同完成的，以协会组织为主导，政府辅助其发展，基本上政府仅提供政策支持，其余均由会展业市场配置、决策。一些会展基础设施建设还是由政府把控和规划，经营活动则以市场调节为主。法国会展发展与德国会展发展过程非常相似，但是城市优势不同，发展模式也有差异。美国会展突出了市场模式，政府起到的作用无非支持或监督。但是不论上述国家如何发展会展业，从宏观视角看，这些会展业都呈现了信息化、集团化、专业化的特征。因此，我国会展行业的发展应该结合区域实际情况，顺应国际会展潮流，开发出一条适合自己持续发展的会展之路。

关于会展指标体系构建的研究，陈靖（2009）表示，会展评估主要有会展项目、举办方以及会展城市的评估，评估范围广泛，评估内容较多。蔡礼彬（2009）从广义和狭义两个层面对会展评估进行定义，并提出了会展项目评估的概念。杨芳平（2009）提出，由于会展设计内容较多，设计层面不同，很难出具一套统一的会展评估标准，即使明确了评价指标，一些定性指标也无法进行定量换算。陈靖（2009）将城市会展指标体系划分为三个层面，即会展环境、会展绩效以及会展结果，并运用专家咨询法、五分量表法、专家打分法将测得的数据进行量化转移。杨芳平（2010）提出了品牌会展的指标评价体系，并使用层次分析模型、模糊综合评价模型分析了不同层次、权重以及隶属维度之间的关系。

（六）武汉市会展业发展相关研究

近年来，依托武汉在展馆建设、区位交通、产业和旅游等方面的优势，武汉会展业发展步入快车道。对武汉会展业发展的研究主要集中在以下几个方面：

1. 关于武汉会展业优化发展措施的研究

国内学者程丛喜、熊瑛（2006）从政策管理、品牌建设、基础设施完善、人才培养、宣传推广等几个方面提出了优化武汉会展业发展的路径，以推进武汉会展经济的持续发展。吴恺（2013）深入分析了武汉会展业的发展现状，总结了特色办会展，实施区域合作，创新持续发展会展的理念。

2. 关于武汉会展经济发展历程的研究

王琳（2005）从历史角度讨论了武汉会展经济发展过程，并对武汉会展业现状、不足展开分析，还提出了优化武汉会展经济的措施。陈晓宇（2008）梳理了武汉会展业发展脉络，提出了举办现代化会展活动的几个建议。

3. 关于会展人才培养的研究

丁萍芳（2012）认为，会展人才培养应该从政府层和企业层面入手。一方面，政府要完善人才培养机制，构建高效的人才培育体系；另一方面，企业要设计弹性工作机制，制定人才培养方案，建设会展人才的实习基地。张姝、黄芳（2015）深入分析了会展人才培养的现状与不足，找出了会展人才供需不平衡的原因，如高等院校毕业生会展实践能力弱化、企业会展人才需求高、会展课程设计理论性过强等，对此提出了培养会展人才的建议。

4. 关于会展旅游的研究

陈春梅（2004）总结了武汉会展旅游的发展优势与不足，并提出了个人建议。吴希冰等（2007）讨论了武汉会展旅游的发展现状，还总结了其他地区、国家的成功经验，提出了优化发展武汉会展旅游的对策：政府职能转型深入；完善会展法律体系建设；培养武汉会展业核心竞争能力与品牌；完善武汉市的形象设计与推广。

5. 关于武汉展馆设计的研究

陈妍桂（2001）对武汉国际会展中心结构设计、特殊结构设计展开了分析，会展场馆整体结构与局部结构具有不同的特征和设计工艺，针对这些陈妍桂均做了详细说明。李春舫（2002）立足城市设计的基础理论，讨论了国际会展中心的设计理念，提出了会展中心设计与城市设计、城市文化、城市人文等因素有一定关联，从大的方面看，会展中心设计是城市空间设计的一部分，需要与周围环境、文化、经济相协调。

6. 关于会展品牌塑造的研究

马勇、陈慧英（2013）讨论了武汉会展品牌塑造的路径，从武汉会展业品牌定位、硬件设计、服务建设、营销管理四个方面展开了研究。梅凤娇（2017）

主要研究了武汉会展业品牌定位、价值以及传播、管理的相关内容,还提出了一些优化建议。

(七) 文献述评

综合上述文献梳理,可以看出与会展发展稳定持续的国家相比,我国会展研究多数集中在理论分析层面,还没有形成完整统一的研究体系,研究内容缺乏实证分析,多数以定性分析为主,研究方法相对较少,无创意方法引入其中,研究数据有效性不足,指导意义不大,未来应该补充一些实证性研究。从整体来看,国内总结性研究、概括性研究居多,创新性研究相对较少。虽然国外研究范围广泛,研究角度多,但是关于会展经济的评估性研究相对较少。

已有会展业研究对武汉会展经济发展具有一定的借鉴作用和理论参考价值。新时代武汉会展经济的发展面临巨大挑战,现有研究主要存在以下几个方面的不足:

(1) 多数文献采用了定性研究的方法,较少文献采用了量化分析的方法。要想更为准确地把握武汉会展经济的发展情况和趋势,就必须对武汉会展相关数据进行系统的采集,形成定性与定量结合的完整分析过程。

(2) 与发达国家会展业差距比较研究尚不深入,缺乏系统分析,难以得到更多借鉴。

(3) 缺乏对武汉会展业深度介入经济发展的影响因素及影响机理研究。

本书通过研究会展业深度介入经济发展的影响因素和影响机理,具体地提出武汉会展经济发展路径选择与关键举措。

第三章　新时代会展经济发展特点

一、高质量发展

构建完整的会展产业链，针对产业链的每一个环节进行协同管理，让会展逐步接轨国际会展的标准，完成走出去和引进来的模式，构建独具中国特色的会展业，形成品牌效应，实现产业融合发展，推进国内会展经济持续、健康、稳定地发展。国内会展业发展正逐步从"零"发展到"有"，从"有"发展到"优"。发展至今，会展业在发展规模、发展面积、发展实力方面都呈现了良好的态势。这与我国国际地位提升、经济水平提升以及会展教育强化分不开。近几年，我国牵头举办的亚洲博鳌论坛、上海合作组织峰会、中非合作论坛等会展活动都是国际性会展。这些大规模会展活动促使会展行业成熟发展，也带动了国家经济的发展。

从产业发展态势看，会展行业正逐步从经济领域延伸到服务领域以及其他领域，融合、协同以及跨界发展的特征更加明显，"中国会展模式"逐步成型。中国会展业，市场配置协调，政府在关键时刻起宏观调控作用，完善的制度和机制进一步保证了中国会展业的高质量发展。

会展行业的发展涉及多个领域和行业，贸易、建筑、信息等行业的动态与会展业息息相关，并促进我国经济整体的发展。随着我国经济形态的不断丰富和完善以及科技的不断进步，会展经济的发展也呈现出高质量发展态势。会展行业受到的关注越来越多，影响范围越来越广、程度越来越深。会展经济作为一种成长速度快的经济形态，其高质量发展的特征从以下方面体现出来：①在会议展览举行的过程中，参展者能够通过会展实现产品交换与信息交流，每个参与者都能够见到对方的工作人员以及会展产品；②实现对传统会展交易模式的突破，成功使参展者成为现场的合作者；③促进会展的个性化发展，并且能够在一定程度上满足供需关系，在这种现代化的发展模式下，进一步带来交易双方的经济合作。近年来，会展经济与新媒体的融合发展已成为会展业发展的新趋势，这对传统的交易模式有改进作用，既提升了交易效率，也促进了会展经济的高质量发展。会展经济作为一种独特的经济发展形态，与我国经济总体结构以及发展趋势存在一致性，具有很大的发展潜力。会展在数量和规模方面不断扩大的同时，也十分重视会展经济的发展质量，其专业化水平有很大程度的提升，一些专业化水平高的企业逐渐进入大众的视野。我国大批高质量会展企业在发展中提升自己的专业化水平，举办规模大、知名度高的国际性会议展览，也有越来越多的综合性国际展览会议在中国举办。

会展业经过数年发展，已逐步实现高质量发展。近年来，中国会展业发展的标志之一就是会展场馆建设蓬勃兴起，会展场馆数目逐年增加，在经济发达地区会展经济热潮的带领下，全国各地建设场馆的势头正盛。从近年来会展业的发展状况来看，我国展览场馆的数量、展览场馆的面积都名列前茅，具有很大的发展优势。《2019年中国展览数据统计报告》显示，中国会展场馆总数达到350个，全国展览总数11 033场，展览总面积高达14 877万平方米，较2018年分别实现0.6%和2%的增长，全年净增展览65场，平均以每年20%的速度递增，会展基础设施有较大改善，国内展览项目也保持持续增长。会展业在中国产业的发展中属于新兴产业，虽然起步较晚，但发展十分迅速，且追求高质量、多元化发展。

会展经济作为新兴的经济形态，与传统的经济模式有所区别，发展效率高，与其他产业相比有独特的运行规律以及形式。会展经济的经济效率高，其收益与投资占比大概在20%～25%。会展经济将收益分为直接收益与间接收益两类。直接收益是指通过会展的举办产生的，依附于会展的实体，如会展的门票入场费、场地租赁费、展览展厅租赁费；间接收益是指会展举办带来的食宿、交通、旅游等收益。会展经济能够快速带动一个地区其他产业的发展，带动地区经济的增长，对地区经济、社会的进步都有很大程度的影响。从经济效益的角度来看，会展经济带来的直接或间接收益是无法估量的，能够推动整个国民经济的发展以及社会的进步。会展经济带来的社会效益也是不能忽略的，每一场会议或展览的举办都能获取相应的收益，对当地基础设施的建设、社会环境的改善都有一定的促进作用，也能够使当地的知名度得到大大的提升。会展经济作为产业关联性极高的产业之一，与交通、旅游、住宿、餐饮等服务业息息相关，与海关等政府部门也有较大关联，可以直接或间接带动一系列产业的发展。相对于其他产业，会展业使会展经济成为现代社会经济增长、区域经济发展新的增长点。会议与展览的便捷性、集中性、直观性、快速传播的优势即使是在当前科技发展迅速的今天,也有不可替代的作用。会展作为一个优秀的宣传平台,能够直观、集中、快速、有效地将展品介绍给社会公众、政府、参展企业以及消费者。会展作为一个良好的文化交流平台,能够对文化进行有效的传输,使新旧思想及时更替,促进文化的沟通与交流。从会展的长远发展来看,其能够推动产品和市场走向国际化。会展经济也实现了区域特色性经济发展。区别于单纯的区域经济与一般经济活动,会展经济是具有区域特色的经济活动。在特定的经济区域内,会展产业及相关产品组成的会展经济能够占据主导地位;在会展经济不占据主导地位的区域内,会展经济作为区域经济体系的重要组成部分,为整个区域经济体系创造经济效益。

二、新技术与新要素的融合

跨界融合、热点聚合、双线结合、主题契合等新要素融合以及大数据、云计算、互联网等新技术对会展活动的影响越来越大。跨界融合表示会展业与其他相关产业、非相关产业融合发展。热点聚合表示直接面对民众的、B2C模式的会展活动,这对人民的幸福感会产生影响,并逐步成为热门焦点。双线集合表示互联网、移动互联网通过"互通"(O2O)发展为功效"互补"(OAO)。主题契合表示围绕会展主题展开的会展活动,如时尚文化会展活动、政治历史会展活动等。

从近年来会展业的发展状况来看,会展业的跨界融合成为发展主线。这种融合不仅体现为产业链上下游的业务融合,还体现为数据与信息的融合。会展产业的融合发展为传统的会展业转型升级创造了基础,使会展业成为以互联网为基础、以数据为驱动、以融媒体为发展渠道的新技术与新要素融合发展的产业。会展产业逐渐向纵向立体化趋势发展,会展向企业化、集团化发展,会展的策划、组织、搭建、咨询等服务逐渐融合,都体现了会展经济中新技术与新要素的融合。

(一)会展与互联网

在当今数字智能化发展的时代,跨界发展、资源整合发展十分流行,各行业交叉发展,实现相互渗透。互联网作为一个集技术、资源、信息交换等功能于一身的平台,能够为会展经济的发展提供机会。会展业作为联动效应很强的产业之一,在互联网的基础上增加会展经济的发展,能够为会展业的发展创造机遇,并拉动地区经济的发展。互联网与会展场馆、组展业务实现融合发展,高效率的互联网会展模式已逐步成型。例如,RFID系统(Radio Frequency

Identification System)、二维码(Quick Response)、近场通信(Near Field Communication)等技术的应用能够为观众提供全新的参展体验，创造新的会展模式。同时，互联网创造了在线参展模式，有网络入口以及在线参展服务手册为线上参展的人员以及参展商提供平台接收所需信息，这种方式相对于传统的方式来说更便捷、快速，并且能够保证信息的真实有效。第五代移动通信技术(5G)的成熟以及运用增强了产品展示的真实性，让观众能够身临其境地感受展览的趣味性、真实性。除此之外，互联网能够打破信息的不对称性，有效降低交易成本，促进专业化分工的形成，提高劳动生产率，打破传统会展业的局限，为会展业的可持续发展提供动力。互联网能够随时随地举办"会展"，降低会展参展者的门槛，将参展人员扩大到全球范围内。会展企业借助互联网的发展能够构建一个数字化展示空间，实现线上参展。在人工智能、大数据、VR、5G等新兴技术的帮助下，会展企业可以形成一个全天候在线的线上会展模式，各大展商及参展人员不用奔波于各大会展场馆，会员的接待、会展的交流都将通过互联网实现。互联网能够对参展商、参展人员、主办方、采购方、服务商进行精确匹配，实现信息共享，供需双方可以进行快速对接。传统的会展模式效率较低，且信息传递渠道的不透明性导致信息沟通的滞后性、不准确性，不能保证信息的有效沟通，增加了供给方与需求方的筛选和匹配的难度。参展商在筹备会展的过程中，不仅要对自身内部资源进行有效的协调，还要对接展会，其中确定展会、联系组展商、联系展会工作人员、对接物流、选择展览位置、住宿、交通、餐饮等都需要耗费一定的人力、物力和财力。由此看出，传统会展模式的信息不对称性导致了交易成本过高、信息传递不及时等问题，互联网的应用能够有效地解决这一问题。

(二)会展与大数据

大数据是指大量数据的集合，是由麦肯锡提出的观点。大数据具有数据种类繁多、数量大、流转速度快、价值相对较低的特点。跨界融合、共享是大数据时代的一个重要特征。随着互联网逐渐发展，最大化、深化、优化大数据应用成为技术人员的研究方向，这也是社会经济发展的大趋势。大数据将会融合到会展业发展的各个环节中，使参展商、参展人员都能够及时获取所需信息。会展企业举办相关活动时，大数据已被广泛投入使用，被应用于信息收集、业务处理等。大数据时代下，会展企业之间的协同合作不仅仅局限于产品、服务，还扩展到相关会展信息服务等，会展企业通过信息的沟通与传递，能够利用大数据系统对会展数据进行分析评估，对会展提供的产品、消费者的兴趣偏好和行为态度、竞争者相关信息进行研究分析。在大数据背景下，专业的会展公司能够根据实际情况及参展者的兴趣偏好进行会议策划，在会展场馆的现场搭建、提供相关服务等众多方面提供高质量的产品。由于会展行业的特殊性，会展企业在提供相关服务的过程中需要充分考虑消费者的服务体验。市场上有软件公司针对会展行业设计大数据运营的服务体系，可以为会展企业提供了一个平台，促进会展企业与消费者的有效沟通，通过该平台会展企业能够对消费者信息进行收集、整理与分析。在大数据发展背景下，会展企业通过市场调研、分析，综合地对市场环境、消费者偏好、产品投放渠道、产品市场、运营风险等相关信息进行了解，对市场有清晰的认知。大数据时代能够促进会展服务的深化，会展服务需要为参展方、参展人员提供全方位的服务。由于互联网减少了实物在会展中的应用，转换为虚拟产品体验与线上服务，这将会获取大量信息以及数据，涉及产品种类、客户反馈等，大数据的应用将会对信息进行筛选、过滤无用信息，对有效信息进行收集、整理，为客户提供更加全面的信息，使会展服务更加具有全面性和针对性。大数据的应用也能促进部门与部门之间的有效沟通，打破时间、空间的局限性，通过云计算协助相关部门对产品进行归类汇总，组合出功能、效用最优的展品组合。在会展举办的过程中，大数据的应用能够为会展主办方提供客流量、观众参展偏好等相关数据，在一定程度上提升会展的服务效率。信息化是大数据时代发展的必然趋势，针对会展服务建立会展数据库，对项目信息、展位分布、客户偏好、在线协商等进行整体的把控，同时可以根据相关信息，调整会展的发展模式，了解客户的服务需求，提供有针对性的、个性化的产品以及服务，促进会展行业的整体发展。

（三）会展与人工智能

人工智能在各行业中的应用越来越广泛，会展行业也不例外。人工智能被应用于展会的在线登记、签到、注册、智能导览、观众互动、会议主持与讲解、会议翻译等工作中，促进了会展行业的转型升级和创新，推动了会展行业的进步发展。在全球产业变革中，人工智能自问世以来，为会展业发展提供了更多机会，学习算法、人机协同等让会展发展更进一层，如语音识别率达到了99%，面部识别率达到了95%，这些均为会展活动朝智能转型提供了条件，为建设智能会展，推进会展转型发展提供了技术支撑，改变了传统会展的服务模式和运营模式。一方面，新时代下人工智能减少了会展翻译、介绍等人才的需求，借助人工智能设备就可以代替人工，在一定程度上提高了工作效率，简化了会展管理；另一方面，会展业态的创新与人工智能共同发展，实现互补，成熟的技术给会展活动增色不少，人工智能产品不断提升，为会展行业发展提供了更多高品质、高技术、多特色的会展服务，进一步推动了会展经济的发展。

三、创新业态

会展的业态创新指的是在会展业的发展过程中，在传统经营方式的基础上，对会展行业的经营模式、经营技术、经营手段进行创新，创造出不同的生产经营形式去面向大众，满足不同群体的消费需求。传统会展业发展过程中碰到许多问题，传统经营模式亟待改善，创新为传统会展优化发展、突破发展瓶颈提供了思路和解决方法。创新是行业发展的重要助推力，企业需要利用好创新的驱动作用。对会展行业的业态创新主要从以下四个方面进行阐述：一是理念创新，二是模式创新，三是服务创新，四是题材创新。

（一）理念创新

提到会展，很多人第一时间想到的是展览会，这种定向思维需要突破，需要从会、展、节、演、赛的大会展概念去理解会展。思维拓展之后，办展的形式更加多元化，会+展、展+会、展+赛等形式都可以尝试，融合发展是必然趋势。此外，发展产业会展，将会展活动与产业发展紧密结合，这一理念已被证明能促进行业发展。会展集聚区、会展小镇等理念也应引起重视，这种理念打破了会展场馆作为孤岛存在的状态，将旅游、商业、酒店等会展相关业态集中起来，推动了展城融合发展，将有利于打造更便捷的展会服务区域。随着经济的不断发展、信息化时代的来临，会展行业应进行理念创新，改变传统展览的理念，会展业也加快了国际化的步伐，引进国外先进的管理理念与行业发展要素，加快了会展行业转型升级的步伐。会展行业积极贯彻落实"走出去"的发展理念，参与全球会展的市场运作，逐渐向会展强国靠近。会展业的理念创新还体现在数字会展、智慧会展的理念方面，会展行业可采用大数据、云计算、互联网、人工智能、物联网等新兴技术助推会展业的发展进步，运用互联网+会展的理念，优化展览策划、营销方式、展商服务、场馆策划、信息收集、数据分析、现代自动化等会展相关服务。

（二）模式创新

随着经济形势的变化，以往单纯的B2B展会模式已经不能满足市场需要，B2B2C模式、O2O2O模式越来越常见。此外，跨界办展、强强联合、上下游联合办展等模式也不断出现，新模式的活力已经初步显现。同时，会展行业推出线上参展模式，让人们可以随时随地参观会议展览，线上会展与线下会展相比具有成本低、客户覆盖面广、服务更加人性化等优势。从参展方的角度看，传统会展的展位组织、展会现场搭建、展览品的运输与保存、宣传资料的制作与传递等准备活动以及展后收尾活动都需要耗费一定的人力、物力、财力，相比较而言，线上展览减少了很多步骤，通过网络就可以实现买家与目标客户的交流，降低了办展的成本，获得更多的经济利益，参展方和参展人员也节省了交通费和食宿费等。线上展览的客户覆盖面积更广，线上会展在云端进行，打破了时间、空间的局限性。线上展会提供的服务更加人性化，能够实时为参展商提供参展人员、数量、点击量等相关会展数据，还可以建立数据库，对统计数据进行分析，研究消费者偏好，及时改进缺陷。

（三）服务创新

随着技术的进步，利用互联网、大数据、云计算等技术手段提高展会服务质量，增强客商体验感，是现在每个展会必须实现的。面对当前各地政府发展会展业的热情，政府应该把握好十六个字：宏观把控、市场培育、政策扶持、条件提供。政府积极参与到会展业发展中是好事，会展业的发展离不开政府。但同时，政府要把握好分寸，不能过度干预市场，要把市场的事交给市场来解决。改善会展经济的发展环境，加强对会展服务体系的建设和完善，在服务方面从展会主办方、第三方提供服务企业、展会相关项目入手，制定会展行业相对统一的标准及评价规则，对严格遵守行业要求运行的会展企业以及不遵守行业要求的企业给予相应的奖励和惩罚。在场馆建设方面，加强基础设施建设，定期检查基础设施是否符合行业标准，保证会展企业的服务质量，同时注重对相关社会化专业服务产业的建设，提升会展主体的支撑能力。注重对会展业公共服务平台的建设，加强信息共享机制的应用，加深与相关企业的合作，促进信息交流与合作，形成会展企业"向上""向下"的联动机制。会展行业的服务创新也体现在会展企业综合实力的提升方面，会展企业注重对会展高端人才的培养。随着智能化时代的到来，人工智能、大数据等新兴技术被应用到会展行业中，人工智能服务逐渐取代人工服务，人工智能能够帮助人们更好地了解会展产品等相关信息，并且能全天候24小时为人们提供全面的服务，优化人们的服务体验，节省了一定的人力资源。

（四）题材创新

在展览题材上，可以围绕国家战略和城市发展定位举办相关活动。近年来，中国国际进口博览会、"一带一路"高峰论坛等活动的兴起都是与国家战略相结合的。

四、新产业发展模式

新经济背景下，会展产业发展出现了融合发展的模式，其融合发展的具体形式主要有：内部融合与外部融合。其中，内部融合是会展服务、技术以及业务等相互融合，实现了会展产业、其他相关产业的共同发展，如会展旅游业、会展酒店业等。会展与第一、二产业融合也是常见的，如农业会展、工业会展等。与传统单体产业发展相比，融合发展模式创造了更多的会展经济价值和社会价值，提升了产业功能，实现了"1+1>2"的效果，同时间接地优化了经济结构，推动了经济发展。

（一）产业融合发展模式

会展业作为关联性较强的产业，与国民经济中大部分产业都产生了直接或间接的关联，可以在较短的周期内汇集更多的人流、物流以及信息流，从而拉动地方经济的发展。会展产业推动了交通、物流、旅游等相关产业的快速发展，提升了产业的价值。在市场经济发展过程中，会展活动功能逐步朝商品化、专业化、规模化方向发展。通过会展行业将生产方、销售方以及服务方联动起来，为产业融合发展提供了很多支持。产业融合模式不断探索与创新，打破了原来的产业边界，产生了新产业模式，提高了会展行业的价值创造力。除此之外，会展行业还与传统的旅游、会议、展览、节日活动、农业等产业进行融合，形成了高级产业融合形态。会展行业也实现了多元化发展，市场竞争力、规模效应的增强促进了会展行业的多元化发展，为组织者促进会展多样化发展提供了思路。

（二）"互联网+会展"模式

"互联网+会展"即以信息为载体，将技术与会展行业相结合，以平台为基础，以需求为导向，降低中介化、物质化的影响，优化客户的服务与体验，使互联网与会展行业达成深度融合，形成一个完整的、协同的新型发展模式，全面助推会展业的完善发展，提高会展行业的整体发展水平。"互联网+会展"在传统会展发展的基础上，还提供了相关的线上服务与会展资源，具有数字化、智能化、移动化等特征。传统会展向线上延伸，会展行业积极推动线上展会的举办。2020年3月，首届中国国际渔业线上博览会、4月中国—拉美（墨西哥）

国际贸易数字展览会是近些年以来中国举办的规模最大的线上展览会，6月广交会、7月中国国际数码互动娱乐展览会等线上展览会的成功举办都进一步证明了"互联网＋会展"模式的可行性。互联网优化了传统商业活动模式，不仅提高了举办会展活动的效率，也降低了交易费用，促进会展业向信息化、电子化、智能化、国际化方向靠拢。

（三）会展移动平台与信息服务系统发展模式

会展移动平台是以互联网、物联网、云计算、大数据等新兴技术支持为基础，为会展行业提供信息化服务的平台。会展移动应用服务平台与传统会展提供相关信息的模式相比更加便捷，能够反馈实时信息，并且能够提供定位服务，使用户的使用黏性较高，对传统会展活动的时间限制和空间限制实现突破，在很大程度上提升会展行业整体的服务质量与运营管理水平。随着互联网的全面应用，"自媒体"得到很大程度的发展，人们通过QQ、微信、微博获取即时信息。会展业也顺应时代发展，开通微博以及微信公众号，通过微博和微信发布会展信息，为大众推送展览信息，与客户进行实时信息交流。会展企业可以通过移动应用服务平台为大众提供展览时间、展会指南、信息查询、实时互动等功能，为参展人员提供全方位的智能化信息服务。展览信息平台的建设需要整个会展行业的合作，无论是全国性展览信息平台，还是地方展览信息服务平台，都能助推整个会展行业的发展。企业自主研发的展览信息服务平台以市场为发展导向，能够从信息源头降低信息的不对称性，推动全方位服务的发展。展览信息服务平台是集线上展览、会展移动平台、电子商务为一体的多功能服务平台。

五、绿色经济

随着社会经济的飞速发展，会展业俨然成为重要的第三产业，对国民经济的发展起到了重要的推动作用。环境和资源对人类的发展是至关重要的，因此需要开发环保展品。绿色会展是指在会展经济发展过程中采取积极的环境保护措施，如合理配置资源，减少会展经济对环境的负面影响，创建环保型会展项目。随着我国会展经济的发展，绿色展览越来越受到关注，绿色会展经济发展理念已成为新时代会展经济发展的关键要求。捍卫低碳，环保和绿色是中国会展业的新概念。中国总体上正在加强环境保护监管，特别是在北京、上海、广州和深圳等著名城市，这些城市是会展活动较多的城市。2018年，中国国际进口博览会提出了"绿色"要求。如果中国会展业在绿色发展理念上处于世界前列，那么中国会展业的高质量发展就可以成为世界的典范。

由传统的会展产业向绿色会展转型升级已经成为当前会展业发展的趋势，绿色会展和会展行业发展的可持续性与各产业利益群体有较大的关联。绿色会展的研究范围包括对生态会展、会展产业生态化的研究。绿色会展积极响应建设环保生态文明的号召，承担会展行业低碳环保发展的使命，促进会展产业的可持续健康发展。发展绿色会展符合减少对环境的破坏、可持续发展等方面的要求，能够促进会展行业的长足发展。

第四章 新时代会展经济影响因素和发展趋势分析

一、会展经济影响因素

(一) 城市经济

会展经济的发展需要相关城市具备良好的经济基础,只有具备良好的经济条件、完整的设备和专业的服务设施,才能更好地塑造城市的良好形象,促进城市其他产业的发展。会展经济的稳定快速发展,无论对城市经济发展,还是对城市交通的改善以及城市信息交流,都会产生强有力的促进作用。其次,随着会展经济的不断发展,我国各城市的政府管理能力也在逐渐提高,一个城市只有具备这些特点,才能形成一个完整的会展经济发展体系,从而推动会展经济的发展。目前,我国愈发重视会展经济的发展,尤其是发达地区。为了促进会展经济的发展,我国相关部门已经研究探讨出了各种不同的方案。但是我国部分城市目前的经济基础比较薄弱,政府的管理能力和重视程度还远远不够,因此对会展经济和会展经济的相关发展策略并没有成熟的发展规划,这必然会对城市的发展产生不良影响,阻碍城市经济的发展。我国会展经济在发展过程中,可以像德国的汉诺威和英国的伦敦等学习,使制造商、采购商和消费者通过会展建立起最直接的信息交流和交易平台,充分发挥会展业展示交易和宣传营销的作用,会展经济已经成为城市经济的重要组成部分。可以每年召开一次会议,组织各城市的负责人进行探讨研究,不断加强与国内外知名会展公司的业务合作,相互学习借鉴,站在一个全新的高度,对会展产业的发展做出合理规划,构建一个集行业培养、企业投资、商业贸易、文化交流于一体的多元化平台,从而推动整个会展经济与制造业、高科技产业、文化旅游业一体化发展。

会展经济的蓬勃发展与城市的发展壮大息息相关。站在客观角度看,会展行业是一种城市产业，离不开各方面因素的支撑，而这些因素的逐步完善是城市发展的必然结果，会展业可以通过不断改善这些因素而逐步发展壮大，因此城市的发展与会展经济是相辅相成、相互促进的。会展业的快速发展要以能够为城市提供相应的服务为基础，城市不仅可以壮大会展行业，还可以从中获得巨大的经济效益和社会效益，从而有效推动城市经济发展。因此，会展业与城市始终存在一种互动关系，两者高度融合。会展经济的发展离不开城市的发展，而会展经济是城市发展的氧化剂与发电机，两者在发展过程中息息相关、密不可分，只有互相协调、互相促进，才能共同发展。

（二）地理位置

会展项目发展的另一个非常重要的因素就是地理人文环境。通过分析国内外发达地区的会展业发展情况，不难发现这些地区的地理环境和文化环境与会展业有着密切关系。会展的从业人员不仅要对当地的地理条件、文化环境有深刻的了解，还要能够将参展项目的设计、展示、邀请、组织展览以及展后服务有机结合起来。对当地地理人文环境的分析不能仅考虑地理和文化两个方面的因素，还要把许多更细致的因素考虑在内，如当地的气候条件、阳光照射情况、景观分布以及区域辐射和产业辐射能力等。其中，地理位置方面所表现出的区域辐射力、长期以来形成的商业文化景点、旅游景点等所显示的对参展商和游客的吸引力是最主要的内容。充分利用当地的地理人文环境条件，可以有效展示当地会展的文化特色，提高会展对外地游客和参展商的独特吸引力。

会展经济受地理位置的影响主要体现在以下两个方面：首先是人口因素。旅游活动是一种社会活动，而且它以人为主体，因此会展旅游接待质量、服务质量以及会展旅游市场必然会受到旅游目的地人口数量以及人口结构的影响。目前，互联网如同雨后春笋一般蓬勃发展，人口基数也在不断增加，会展旅游的信息交流也因此变得高效便捷，越来越多的参展商和游客能够通过网络查询和实时信息分享等方式来获得城市展会信息，进而不断提高会展在网络上的关注度。其次是当地的交通状况。会展城市的交通条件在很大程度上会影响参展商和游客前往目的地的出行决策。同时，会展城市的交通状况对会展目的地的可达性也会产生十分重要的影响，良好便捷的交通条件可以提高会展目的地的可达性，从而有机会使潜在的参展客商变成现实的客流。

（三）产业发展

事物的发展都具有两面性，会展行业的发展也是如此，可能产生正面的积极影响，也可能产生负面的消极影响。积极影响主要体现如下：由于会展行业近年来迅速发展壮大，会展办理的频率和覆盖的范围也在不断扩大，这就让参展商和观众对会展带来的效用有了更加清晰的了解。换句话说，参展商和观众的心理、价值观都会受到会展的影响，从而在未来市场需求中产生积极影响。但会展行业在发展的过程中必然存在一些难以解决的问题，如相关部门的管理监督不规范，对企业参展资格的审查松懈，从而导致企业信誉度低、舞弊频发等现象。一方面，许多展览公司专业化程度不够，举办的展会水平参差不齐，会展主题缺少新意，内容老套，很难吸引专业的观众，交易量小，展会带来的效益远远达不到预期的设想，而且会产生不少消极影响。一旦出现少数内容新颖、收益良好的会展主题，市场随后就会出现很多复制品，不会考虑会展主题是否符合自身发展，创新性不足，引发会展市场的红海竞争，导致不良风气盛行。另一方面，一些规模较小的会展企业由于经营不善、管理不到位等，还会趁机借助欺骗方式，增加参会人员。例如，把普普通通的国内会展包装成国际会展；为了欺骗其他企业参加会展，抬高参展费用，获取不正当的收益，未经允许擅自用国外知名品牌企业进行伪装；等等。甚至还曾发生过利用假会展骗取展费的案例。

为了解决上述问题，使会展行业健康发展，政府应该强化会展监督与管理，对会展企业资质进行全面审核与检验，仔细考察会展商家，吸收招纳资本基础好、信誉等级高的会展企业，努力提高会展企业的信誉度，使会展行业的发展逐步步入正轨。

（四）政府政策

从政府职能视角看，多头审批是不利于会展市场发展的，多头管理也给会展市场带来混乱，影响市场自行调节和配置的规律；加上会展行业的特殊性，如果会展受到政府多头审批、多头管理的影响，会展创造的价值也会受到影响。从管理体制视角看，我国实施的管理体制以审批体制为主，这是基于计划经济背景形成的体制，但是随着改革开放的深入发展，还产生了很多全国性非涉外会展活动，这些活动要经过国家经贸委员会审批，国内举办的对外会展活动则是商务部和科学技术部以及中国贸促会等几个部门联合审批的，这就会带来会展效率问题，引发很多寻租行为、腐败行为，如会展主办单位希望可以快速获得审批，就会故意拉近与政府的关系，有些政府部门运用手中权力设立各种寻租条件，从而引发更多腐败问题。笔者认为，会展企业是否具有开办会展的资格和实力，应该尊重市场的竞争选择，并非政府的审批结果，我国当前审批机制的确给会展市场带来了不利影响，不利于会展主体与市场秩序的培育，企业与政府之间会不自觉形成"设租"与"寻租"关系。这不仅会影响会展行业、会展经济的健康发展,还会带来无序化的市场竞争。

从制度体系视角看,根据经济学中的交易成本理论分析,所有的交易活动都是比较稀缺的,活动发展需要投入时间成本、金钱成本等交易成本,而会展审批活动也需要成本。会展审批的过程会消耗很多时间,审批时间过长就会带来会展市场的机会成本,这也就意味着主办方需要消耗更多的时间与成本,影响了他们举办会展活动的效率。另外,审批制度不足还容易带来企业寻租问题,引发市场不公平发展,制约会展经济的持续健康发展。当前,政府过多干预会展市场的发展,不论是市场调节还是政府调控,当前市场经济本身就不完善,只有切实处理好市场与政府之间的关系,才能保障市场经济的顺利发展,进一步分析,会展经济也是如此。其最关键的问题是在发展会展经济过程中如何定位政府职能,如何使政府能够在会展经济活动中发挥更好的作用,又不影响会展经济市场的主导调节作用,营造完善、有序的市场氛围,提高会展企业的竞争能力与创新能力,推进会展行业的快速发展。

当前,我国国内建设的会展展馆规模大小不一,其中小规模的展馆较多,这些超过了市场需求,引发了场馆激烈竞争,但是建立这些场馆并非市场决定的,而是受到地方政府的干预性影响。地方政府建设场馆,一方面会拉动会展经济发展,另一方面彰显地方实力,殊不知这样盲目建馆的行为却会影响城市市场经济的发展,忽略场馆建设与经济、文化以及社会因素息息相关,导致供大于求,从而引发恶性竞争。

(五)法律法规

近年来,我国的会展产业虽然发展迅猛,但是相对于国外发达国家仍处于起步阶段,在发展过程中难免会出现许多问题和缺陷。大数据统计显示,当前国内会展经济发展态势良好,有很多会展机构可以承担国内大型活动以及国外大型活动。但是有关会展的立法尚有待完善,导致行业混乱,诱发了很多会展风险事件,限制了会展经济的发展。针对这样的问题,很多研究学者提出一些中肯建议:首先,要解决会展立法空白的问题,完善区域性法规,根据会展的特征设计针对性法规条文,为会展管理与发展提供法律依据,以推动会展依法活动,做到有法可依;其次,灵活运用国家通用法律,如《中华人民共和国合同法》《中华人民共和国知识产权法》等,保障全程活动都有法律维护与监管,逐步提高会展法律意识和服务意识,运用合理恰当的法律手段解决相关问题。

二、会展经济发展趋势

(一) 国内外会展行业发展趋势

1. 国外会展行业的发展趋势

（1）会展更加专业化。会展行业经过长期的发展探索，变得越来越专业化，而且逐渐可以代表一个国家或者一个城市，如汉诺威的工业博览会、纽伦堡的玩具展、米兰国际服装展等。会展专业水平越高，会展行业的作用就越强，会展行业逐步向专业方向发展，相关主题定位也会更加清楚明朗。与一般的会展活动相比，专业会展活动可以强化会展效果，具备明确的会展主体与参展客户，受众评价也会相对较高。

（2）会展更加大规模、国际化以及集团化。会展行业发展逐步呈现出高投入、大规模的特征，在这些物质基础的保障下，国外会展活动逐步走出了一条规模化、集团化的发展之路，如美国的克劳斯公司就是美国数一数二的大型会展集团，为扩大会展规模，不惜高价收购相关会展产业。近些年国外会展企业正在疯狂开展"兼并之战"，为了获取更大利益，开始将目光逐渐转移到其他国家和地区。除此之外，外国政府会为会展行业的发展提供极大的支持，因此国外的会展行业具有坚实的基础来实现规模化和集团化发展。此外，有相当一部分的会展公司为了发展，开始采用投资并购的发展模式，如励展博览集团投资了英国伦敦 ExCel 展览中心，还收购了新加坡的宇航设备展示中心，成了当前全球经营规模最大的展览公司。从近几年的发展情况来看，国际并购情况频发，已经逐渐成为会展行业发展的主要趋势。可以看出，会展行业正朝着规模化和国际化的方向发展。

（3）新技术应用增多。随着智能信息技术的发展，会展行业也得以信息化发展，高超的智能技术为会展活动增色不少，一次次刷新了消费者的认知。近些年，很多智能机器人被投放到会展活动中，完全可以代替人工资源，帮助人们引导、翻译等，给参会人员带来了别样的体验。信息技术已经成为会展行业中不可或缺的重要内容，如刷脸识别技术、语音识别技术等。会展举办方充分利用信息手段，让会展活动更加高效和便捷，人们通过一部手机就可以浏览全球会展信息。在会展活动中还可以体现各种科技成果，提高会展活动的成交率，创造更高的价值，部分机器代替人工也可节约一大笔人工成本。

2. 国内会展行业的发展趋势

（1）区域会展经济发展快速，专业化会展优势突出。国内会展活动主要集中在北京、上海、广州等城市，这些城市经济发展快速，设施设备齐全，为会展活动提供了温床，使会展城市的功能定位更加明确清晰。会展产业与其他产业相互协调发展，形成了独具特色的产业体系，当前会展中心区域主要集中在环渤海、华东、华南、中西部和东北地区，形成了会展经济生态链，构建了互动的会展经济格局。各个城市都根据自身特征与产业特色，设计相应主题的会展活动，促进了地方经济的发展，这也成了拉动国民经济发展的新亮点。

第一，以北京为中心的环渤海一带。该区域会展经济发展态势迅猛，依托天津市、廊坊市以及北京市形成了三点辐射的会展带，会展专业化、多样化、国际化优势比较突出，主办方以全国性行业协会居多，促进了地方经济的发展。

第二，以上海为中心的长三角一带。该区域会展经济发展稳定，依托杭州市、南京市以及上海市形成了专业特色的会展经济带，区域内会展活动突出了专业特色，与政府宏观调控和布局有很大关系，区位优势和结构优势突出。

第三，以广州为中心的珠三角一带，广州市、深圳市以及珠海市成为大型会展城市，每年都会举办各种大型会展活动，已经形成了品牌效应，如广交会。该区域的会展业呈现出专业、文明、现代以及国际的特征，展区分布密度较大。

第四，以大连为中心的东北一带。大连市和哈尔滨市的会展行业发展成熟，突出了工业会展特色，加上东北地区本身就是重工业基地，其工业优势突出，在该地区形成了一大批具有特色的工业会展活动。

第五，以武汉、成都为中心的中西部一带。重庆、成都、武汉是代表性的会展城市，当前已经形成了很多具有口碑和品牌效应的会展活动，如武汉光博会、绵阳科博会、成都西部国际博览会等，这些活动推进了制造行业、贸易行业的全面发展。

（2）出境参展及海外办展数量越来越多。改革开放以后，我国一直跟着经济全球化的趋势发展，会展行业的发展也是如此。当前，国内会展市场也在逐步朝更好的方向发展，更多的国内会展企业开始加入国际会展活动承办中，每年出口的会展活动成倍增长，在会展行业的发展影响下。

（3）信息技术推动了会展转型发展。移动信息技术推动了会展行业发展，更多新技术、新手段让会展更加智能化和数字化，传统的纸质会议逐步被无纸化会议取代，会展活动呈现出技术一体化的发展趋势。同时，人机交互影响，点对点可以实现跨境传播，新媒体也加速了会展行业的发展。比如，会展的现场服务可以通过利用低功耗蓝牙（BLE）和 iBeacon 变得更加数字化和智能化，如为参观者提供位置信息和导航辅助，为参观者在展台或其他感兴趣的地点自动显示产品。再如，构建了会展管理信息凭条，这比之前的人工管理、纸质管理更加高效，节约了人工成本和，减少了出错率；设计某些展会活动的调研，可以通过网上调研，了解客户的需求，回收问卷直接通过线上方式完成，回收的同时就完成了数据分析等。还有很多案例可以分享，这些都离不开技术的支持，新技术驱动了智能会展的发展，带动了会展经济的跳跃发展，加强了对有价值的信息的筛选，可以追踪到每一个具体参展客户，改善了客户的体验，让会展活动创造了更高的价值。

（二）我国会展经济的未来发展方向

1. 提升会展行业发展水平

国务院发布的促进国内会展业创新的文件《国务院关于进一步促进展览业改革发展的若干意见》是我国第一份针对会展行业的指导性文件，这也是国务院首次全面、系统地提出了战略目标，指导中国会展业的发展，并且做出系统的战略部署，从而促进了会展行业的进一步改革。

会展行业的快速发展离不开经济市场，会展行业的快速发展也推进了市场体系的完善发展。会展经济已经成了国民经济的新亮点，对经济发展起到了重要作用，国内会展行业逐步成为第三产业的主导产业，但是会展行业存在的问题也比较突出，如会展政策不完善、产业结构需要进一步优化、国际竞争力不足等。这些都需要深化改革，不断发展。只有克服了这些短板，才能进一步推进会展综合水平的提高。要做强我国的会展事业，要走出一条专业之路、品牌之路、信息之路以及国际之路。要增加市场容量，快速推进会展产业的转型发展，形成科学合理的会展结构，推动国内会展产业的发展。

同时，我国政府还对会展发展提出了四个建议：第一，充分运用信息技术手段，加强会展的信息化建设，提高会展的现代服务水平，对会展行业转型进行创新，拓展产业链，逐步朝相关产业延伸，构建全面的会展服务体系，保障会展项目的高效运作；场馆建设机制上要全面公开透明，不能使用带有歧视性的原则，与国际会展活动多多交流，逐步提高国际化办理水平，构建国际合作会展的模式。第二，要适当简化审批，要将更多权力下放给政府，构建联席会议机制，强化监督管理，统筹协调，推进会展行业的快速发展，规范各级举办会展活动的规则；会展可从政府举办逐步朝市场举办发展，监管部门发挥好调控作用，会展市场发挥好调节作用，协会组织发挥好中介作用，各方共同努力，举办更加高规格、高水平的会展活动。第三，全面提高会展专业水平，努力建设一批有影响力和口碑的会展场所，让会展成为城市的名片，构建品牌会展。此外，还应该健全会展统计与监测平台，要构建完善的服务平台与财务平台，切实提升参展活动的有效性与便利性。会展人才的培养必须持续进行，构建完善的人才培养机制,切实提高行业整体水平。第四,优化会展市场发展,建立并完善会展诚信系统,加强与实力强、信誉好的会展商合作,完善知识产权制度的管理;对恶性抄袭、假冒伪劣的现象,要给予处罚。

2. 学习国际会展业成功经验

与国内会展行业相比,国际会展业发展有一些成功的经验值得借鉴。

(1)发展专业品牌会展。综合性会展将会精简。相关数据统计显示,从2015年发展至2019年,世界排名靠前的100个商贸会展普遍存在的特征是越来越高的专业化程度。例如,励展会展集团在我国先后举办了56次会展活动,其中专业会展活动40次、综合会展活动16次。再如,德国汉诺威会展中心在中国内地开展了20多个展会,其中专业会展有19个。因此,未来会展将会逐步从综合化向专业化发展。

(2)发展多元化的会展模式。会展模式将会逐步呈现多样化、多功能化的特征,会展企业将会更加重视品牌建设,甚至还可以学习业界优秀评选活动,提升会展在领域内的影响力。比如,德国物流大会上推出了"德国物流贡献奖",并对候选公司进行民主选举。未来会展将会呈现展、会、演、奖协同发展的趋势,这也会增加会展企业的盈利点。

(3)细分化的会展内容。大型会展正在逐步向上游或下游延伸,会展追求以结果为导向,一些国际性大会展就会被细分为若干个小会展系列,从而细化会展内容和市场,通过精准把控可以有针对性地提供精细的会展服务。例如,在汉诺威工博会展活动中设定了不同的会展区域,还分解了加工类展会、物理类展会、技术类展会等。通过这样的细分可以提高成交率,也可针对目标客户群提供产品与服务。

(4)大型会展分割强度增加。会展产业链形成之后就会产生会展规模,从多馆联动会展发展变化看,出现了很多会展类型。例如,母展与子展结合,在原来主会展的基础上重新划分了几个专业会展,从而精准定位了会展市场;主会展与配套会展结合,在主会展的基础上形成了很多配套会展,这样可以使上游链、下游链、中游链联动起来,形成横向拉动力,扩大主会展的影响,推进会展经济的发展;异地展览结合,不同地区不同主题的展览均可融合,相互配合,以占领更多的市场份额,实现创收。

3. 通过"互联网+"改造传统会展业

会展行业可以与"互联网+"有直接关系,信息技术的发展可以推进会展行业的发展,从而营造出更加便捷良好的体验。第一,推进商业模式创新发展,可以将新型会展模式与传统会展模式融合,将会展活动与电子商务活动融合,构建移动应用会展服务平台；第二，引入"O2O"的理念，开展线上会展活动，并将线上活动与线下会展活动充分融合；第三，专业会展活动可以在线上开展，结合特色专业形成特色模式。综上所述，应结合网络信息技术推进会展模式创新。

当前，不论是会展行业还是其他行业，都在实施"互联网+"的发展模式，会展行业运用信息技术逐步实现数字会展，用户注册、签到互动等都可以在网上平台完成，这也会使会展信息收集更加便捷。在二维码盛行的时代，服务流程、应用流程非常简单，直接通过二维码链接确认认证即可，工作人员对全场信息的掌握仅需要扫码完成。还有一些高端化的会展，可以将参与者身份ID与RFID卡捆绑，其功能与门禁卡类似，参与者通过人脸识别就可以进入会场。这样操作可避免闲杂人员进入会场，也可使客户体会到贵宾服务。

iBeacon蓝牙信号发射器可以为会展活动增加色彩，会场中分布了很多蓝牙设备，能够与智能终端设备连接通信，精准内部定位；也可以室内导航，利用蓝牙技术可以实现跨平台互动，结合微信共同开发很多互动体验小活动，如摇一摇抽奖活动。运用会场内部无线网系统、蓝牙系统可以增加现场热力图，尤其是大规模的会展活动，可以依托这些技术开展安全防护管理与人流控制管理。

随着互联网的发展，微信已被广泛应用于会展行业，基本上每个展会都会建立自己专属的官方微信账号，方便展商和参观者获取相应的产品信息。通过会展的官方微信平台，观众可以预先注册参观信息，到达会展现场后，通过微信平台的"扫一扫"功能快速完成注册登记；参展人员之间也可以互相交换名片，了解客户的需求并进行精准销售和服务，会展结束后，还可以继续在平台上推送相关信息，诚邀他们参与下次会展活动；主办方可以收集客户对此次会展活动的评价与意见，为下一次更好地举办会展活动提供依据。用户往往都是多次参展。可以根据统计数据对客户实施分类分级管理，给予有效的客户关系维护，实施会员营销管理，定期推送相关信息，为其提供个性化服务。

VR虚拟现实技术是当前热门技术之一，对会展活动也有很大的推动作用。运用计算机可生成虚拟场景，实现多维互动，可以大大节省布置费用。

综上分析看，"互联网+"可以推动会展行业发展，推进会展数字化服务和全方位服务，开发微信公众号，打造官方网站，为会员开设注册渠道，针对会员贡献率进行分类管理。现场数字服务内容主要有二维码签到服务、电子胸卡办理服务、现场微信大屏互动、现场热力图室内导航服务等，会后的数字化服务主要有展会数据资料收集与数字统计分析，这些可以为后来展会举办提供依据。

"互联网+"的出现让会展行业大幅度转型，数据逐渐成为该行业的主要核心，通过收集数据和对大数据的分析，可以清晰地明确参展商和参观者的偏好，并为下一次会展活动奠定基础。通过对会展活动的数据分析，可以对会展用户的行为有全面了解，如客户的综合评价与反应、客户的直接感受、会展活动的不足等。传统会展活动中，很多信息收集都是以人工方式完成的，完成信息收集之后再进行简单的汇总分析，但这些分析结果毫无指导意义，存在主观性。在筹备会展活动、开展会展活动中都会使用到大量的设备、设施，很多设备和设施展会结束之后就会被拆除，产生的浪费较大。随着AR/VR技术的成熟发展，很多展台完成建设后，可以使用VR技术设立三维场景，通过互联网技术百分百还原展区信息，让观众在展会结束后依然可以通过网站浏览展会情况。

运用互联网技术还可以优化展会场景，了解客户的浏览信息，进而分析客户的行为，根据需求判断精准地向他们推送相关信息及产品，提高成交率。上述内容都是在大数据技术、智慧云技术、区块链技术等推动下实现的，线上展览和线下展览不再是独立分开的，而是通过引流机制帮助消费者互动，为其提供一个闭环的服务场景。会展行业的发展与客户满意度有直接关系，衡量一场会展举办是否成功，关键衡量标准是客户的满意度。因此，需要结合客户的需求，不断创新会展内容与模式，依托互联网手段逐步完善数据管理，收集客户的行为数据，并通过分析这些数据逐步推进数据改革，提高数据的使用价值，为展会创新发展提供更多依据。

4. 通过智慧会展服务推动行业创新

以"互联网+"为基础，以云计算和物联网技术作为技术手段，开展智慧会展。智慧会展通过运用目前的网络信息技术，对会展行业的各种信息进行收集和筛选，对有用的信息进行整合和分析，从而确定会展项目实施的具体方案，然后利用网络信息平台对展会进行宣传和推广。"互联网+"的运用让会展活动整个产业链上的各种资源配置都可以实现智能化与专业化，包括展览组织策划、现场管理运营、会展服务、公共安全和环境保护，从而促进会展活动的升级。

提供一个以数据为驱动的开放平台是智慧会展的核心，通过网络平台改变供应商和买家之间的沟通方式，加强资源综合利用，减少资源浪费，压缩各种成本，完善会展服务流程与模式。智慧会展依托网络信息技术创建的信息共享平台与服务平台，可以帮助用户高效地完成信息交流、信息分享，推进会展的智能化，为参展客户提供良好的智能服务体验，通过智能管理了解客户的行为偏好，使买卖双方的沟通交流更加直接便捷，促进线上展会和线下展会的同步进行，从而保证展会的结果更加成功。

智慧会展体系基本分为三个部分：智慧会展设施、智慧会展管理以及智慧信息利用。展会服务模式的创新改变了参展商寻找展览会的传统模式，利用大数据、云计算，分析观众的个人喜好，从而把展会的产品精准地推送到有需要的消费者面前。服务手段创新，充分运用云计算、大数据、移动互联网和物联网技术，实现对观众的全方位数字化服务。创新服务方式，结合移动端、网络端应用平台，为消费者提供全天候的浏览、交易、回顾等服务。三大创新体系的具体介绍如下：

第一，智慧会展设施部分。会展活动主要是依靠会展展馆完成的，它是重要的载体之一。通过智慧化建设场馆可以保障会展活动智慧化发展。目前，很多城市推出了智慧城市体系建设以及城市大脑建设，这些都是城市朝现代化方向发展的必经之路。对于会展产业而言，建设智慧化的基础设施是保障会展活动的条件。建设智慧化的场馆设施，主要是建设场馆，一些知名的大型场所均使用了传感技术且无线网覆盖全场，还有一些场所增加了温控、湿度控制以及光度控制系统。智慧化的会场设置还需要保障会场的安全管理，能够为顺利完成展会活动提供保障，如果脱离安全因素去举办会展活动，最终酝酿的损失是不可小视的。通过智能化管理系统可以随时监测风险因素，出现风险时及时启动应急预案，尤其是针对一些珠宝艺术品展览活动，安全管控是非常重要的，否则就会带来惨重损失。

进一步分析看，场馆安保管理是重要管理之一，传统的管理方式主要是依靠安保人员实施巡逻监管，但这样的防范体系存在较多漏洞，稍有疏忽就会带来安全隐患。人工监管总会有疲倦和麻木的时候，而通过智慧安全管理系统可以实现人脸识别，应根据提前设计的规则机制，及时发现风险，及时预警，以保障大型会展活动顺利开展。

此外，还要极力促进会展设施与各相关职能部门的对接，如交通部门、公安部门以及工商部门，确保展会与各个部门信息进行实时共享，以保障会展活动朝智能化和安全化方向发展，对参与会展的个体、群体进行实时掌握，并对相关数据进行有效监测、分析，从而预测出会展附近街道的交通状况和可能出现的突发情况，为参展商和观众规划出合理的出行路线，保证展会安全、成功地举办。

场馆 Wi-Fi 也是智慧场馆的一个体现。当前人们生活、工作以及学习都离不开 Wi-Fi，很多的公共场所也正在免费提供无线上网服务，尤其是在移动智能终端成熟推动下，商场 Wi-Fi 也越来越普及，覆盖面积越来越广，会展场馆 Wi-Fi 的全覆盖也必然是大势所趋，参加者只要连接了场馆内 Wi-Fi，就可以将信息自动同步到云端，实现双向签到。此外，还可以将电子地图推送到会场中，这样，参会成员可以了解附近的美食、交通、医疗等情况，从而找到最佳的出行路径。在会场内部覆盖了无线网络与蓝牙网络，能够为参会成员带来更加优质的体验。

第二，智慧会展服务管理。会展组织、管理是一项复杂的工作，尤其是对一些国际性、大规模的会展活动而言，有些时候举办一场会展需要投入近万人服务，筹备周期长达 1 年甚至 3 年之久。但通过信息平台可以实现快速组织、协同各种工作，使观众能够及时获取会场流程信息信息，提高了会展组织管理效率，增强了客户的参与感与体验感。

电子商务服务是现代化商务服务的内容之一，智慧会展服务可以借助这一模式，为客户提供一系列的个性化服务，如票务预订服务，客户不需要在现场排队购买票据，直接通过手机就可以预订入场券。智慧会务平台极大地简化了各种复杂的参观程序，为观众带来了巨大的便利，包括注册购票、现场签到等流程，就连场馆附近酒店餐馆的预订、机票船票信息查询等会展周边服务也可以通过互联网快速地完成，从而为消费者解决很多麻烦与困扰，为客户营造一站式服务体验。还有一些国际性会展活动设立了专门 App，如在国际消费电子展会上就设立了专门的应用 App，观众注册之后就会成为其会员，可以了解会议动态情况，也可以浏览官方发布的相关展会信息。有些会展活动的展馆分布并不集中。针对这些场馆的管理就可以采取信息化统一管理的方式，通过应用平台能够实现定位与导航服务，随时随地为客户提供信息。前来参会的人员除了想要获得产品信息之外，更希望可以在展会上找到合作伙伴，找到更多行业领域的专家人才。因此，可以根据客户的兴趣、偏好设置人物特征，通过构建 App 可以快速向客户推荐更多名片，促进人与人的互动交流。还可以开通扫一扫功能，为人与人之间的互动提供渠道。另外，相关资讯还可以分享到朋友圈、邮箱等。

第三，智慧信息利用部分。会展活动会产生大量的信息数据，可以从海量信息中实现人与人间的互动。通过移动应用开发的扫一扫功能，还可以实现人与物的互动，通过扫描展区二维码或展台图像，在 App 中获得更多的展品介绍信息。

每次展会都会产生大量的信息和数据，如何从这些海量数据中挖潜有效数据并利用这些数据是值得研究的重要问题。展会上的信息主要有基本信息、传播信息、用户信息等。可以借助大数据、云计算技术分析这些数据，根据观众浏览展品的记录和停留在展品的时间，智能地分析计算出各个观众不同的兴趣爱好，再通过网络平台自动将观众可能感兴趣的展品信息推送到用户邮箱中，由此针对观众喜好创建个性化的信息服务，以保障展会信息传播得更加广泛。结合客户个性行为提供针对性服务，可以实现精准营销的目标，为客户设计精准化的营销方案。展会举办方可以通过了解会展不同展品的受欢迎程度、大部分观众共同感兴趣以及成交次数最多的商品，运用大数据计算分析出最可能受到青睐的产品，从而明确下一次展会活动的主题和方向。

综上分析，智慧展会发展与创新是信息技术发展的结果，也是时代的产物，可以有效促进展览业健康长期发展。根据对近年来经济发展的分析，未来科技和产业相交融已经是一种必然趋势，因此会展行业要想进一步发展壮大，就要紧跟经济发展趋势，充分利用移动互联网、大数据分析等新兴技术，努力将会展行业与互联网进行完美融合，打造智能化、现代化的会展服务。

5. 传统展会从线下到线上

传统展会比较注重线下活动，强调现场效果。举办一场传统展会需要花费很大的投入，主要投入集中在展馆设计、布置宣传等方面。为了创造更好的现场效果，往往会忽略客户价值的挖潜，无法满足很多场外客户的需求，这样的模式没有将线上服务与线下服务相融合，一些有效数据被白白浪费和流失，数据利用率较低。

通过"互联网+"的模式，可以改变展会的模式，拓展展会的边缘。例如，杭州云栖大会从第1天开始至第4天结束，短短四天的时间吸收了现场内部参展人员60 000人，同时将现场活动通过直播方式传播出去，吸引了场外客户1 500万人。这样的案例说明了现场展会的容量是有限的，但是可以借助信息技术，将展会搬上互联网平台。再如，美国2017年开展的甲骨文全球峰会（Oracle Open World），场馆内部先后吸引了60 000人参展，但是经过网络开发之后，线上关注的用户达到了1 800万人。这样的数据告诉我们，应运用"互联网+"模式重新界定展会模式，从线下活动延伸到线上活动。其实，从根本上看，不论采取哪一类模式，客户关注的展会只有一个，只不过是参展方式做了调整与改变。随着互联科技的发展，观众互动、体验已经成为重要因素，平台想要创造价值、实现价值交换，就必须创新展会模式。

运用信息技术，能够让传统展会转型为智慧展会模式，从网站建设、社交媒体入手，开辟一条时空互动的通道，或者构建网上虚拟场馆，营造一种现场氛围，使客户只需要移动手机或电脑就可以进入现场。室内完善定位系统，可以让参会人员知道当前所处的位置以及如何到达目的场馆。借助大数据技术收集并分析客户的信息，了解客户的行为与心理，可为下一次展会举办提供借鉴。

6. 线上＋线下，会展O2O新模式

会展行业O2O模式就是将线上会展与线下会展活动融合，为场内外观众提供不同的服务与体验，要求会展办理不能只关注场内的观众，也需要关注场外的观众。虽然当前微信、微博、QQ等社交平台已经非常成熟，但是人与人之间依然需要面对面沟通，通过直播会展服务可以为客户提供面对面沟通的机会，能够及时回答客户的问题，为客户展示产品全貌，从而促进交易。只要实体产品能够满足客户眼见为实的需求，通过线下沟通和交流之后，基本都能够促成交易。

中国的会展行业要想取得突破性的发展，必然要采取线上线下高度融合的"O2O会展"新模式。线上靠流量，线下靠场景。互联网新时代下不能只单纯地看重现场参观的人数，收集信息、计算分析出观众的喜好和需求才是重中之重。通过移动互联网技术和线下展会的完美结合，建立一个智能化线上会展服务平台已经是目前会展发展的必然趋势，逐渐将现场参观的观众引入线上网络，并且让线上和线下的观众保持实时交流和互动，有利于会展举办方对参观者的个人信息和兴趣偏好进行统计和分析。

"计算是生产力，数据是生产手段，互联网是生产关系"是马云在杭州云栖大会上强调的内容。人类已经进入智慧物联的社会，数据将会成为影响行业发展的重要内容。要颠覆传统的思想壁垒，开发并利用好数据，从数据中找到更多的商业价值。

（三）会展经济的产业关联趋势分析

1. 带动关联产业联动发展，形成连锁经济效应

由于会展业基本上与国民经济中的所有产业有关，所以会展在举办的短短几个小时中，能够聚集大量人流、物流和资金流，形成巨大的连锁经济效应，这是其他任何产业都难以实现的。根据各国测算的相关效应系数，会展行业经济对其他行业经济的带动效应为$1:N$，也就是说会展业为自身发展带来的直接经济效益为1，则为物流、餐饮、交通等相关配套产业带来的间接经济效益为N。例如，2018年，广东举办的展览会和活动一共有524次，产生超过163.7亿元的直接经济收入，并且带动了1 243.5亿元以上的间接消费，经济带动系数高达1∶8。会展业的发展除了经济的带动效应，还会产生很多预料之

外的附带效应，如提高办展城市在全国的知名度、吸引游客游玩、带动旅游消费以及改善城市的公共卫生环境等。会展业由于其高效率和良好的经济效益，已成为中国领先的新兴产业。

（1）会展业拉动了交通业和通信业的发展。会展发展依赖城市交通与通信，而会展成熟发展也会间接倒逼城市公共管理部门完善这些设施设备建设。举办展览活动为举办展览的城市带来了大量的人员流动和物流，办展城市的交通水平和通信水平也在不断提高，这些行业的发展也因此受到了推动。据统计，2000年世界会议期间，各国代表总共订购的机票占了全球机票销售量的50%以上；在我国举办广交会期间，有超过20万的外国展商来到广州，他们分别来自180多个国家和地区，会展期间出租汽车的日营收达到400万元。同时，会展活动还让人与人之间产生了更多的沟通交流，让全世界的人们相互沟通和交流，这对通信事业的发展提出了更高的要求，也增加了通信的营收。

（2）会展业拉动了旅游业的发展。会展的发展衍生了会展旅游业，两者之间的紧密性越来越强，会展发展为旅游发展带来了客源，旅游基础设施又为会展发展增色。旅游行业的发展离不开会展行业的发展，因此会展业有效拉动了旅游行业的发展，实现了资源整合，带动了更多的消费，延长了游客停留时间，尤其是在旅游淡季，可以通过会展活动增加人流量。会展活动和旅游活动关联性是最高的，从市场发展规律、客户需求看，两者有很多共同之处，通过资源整合发展，可以实现放大效应，一方面促进会展行业的稳定发展，另一方面增强旅游行业的竞争优势。会展业与旅游业的结合可以将当地的经济条件、文化背景和社会风貌全方位地展现在参观者的面前，使会展所在地的旅游资源得到充分的利用，提高城市的知名度，提高城市吸引力和影响力，从而促进城市会展经济和旅游经济共同繁荣。

（3）会展业拉动了零售业的发展。会展业也会带动零售业的发展。在展会活动举办期间，会有来自五湖四海的旅客涌入办展城市，这会产生巨大的人口流动，给该城市带来大量的人流，因此日常用品和服务的需求在此期间会大幅度增加，从而推动该城市零售业的发展。例如，根据北京市统计局的统计，2000年第20届世界大学生运动会举办期间，该地购物中心的销售量比去年同期有了大幅增长，年增长甚至超过30%。

（4）会展业拉动了酒店业的发展。举办会展活动期间，大量外来人口会进入办展城市。参加会展活动的个人或群体都需要住宿、就餐，这部分人员会促进酒店业的发展。除了服务会展人员外，酒店的配套设施也可以提供给会展方使用，给酒店带来额外的经济收入。例如，在2012年中国国内旅游博览会期间，南京国际展览中心附近的星级酒店的客房入住率从之前的不到70%提高到几乎满房，入住收入的增长超过60%。根据相关数据统计，每年开展的广交会对广州酒店行业的带动效应已经高达50%左右，如果再加上其他展览，这个比例会更高。

2. 强化产业间共融性，扩大产业价值辐射半径

会展业经济辐射效应是从中心会展区域开始的，如果会展活动顺利举办，所产生的会展收入会对地方经济发展起到推动作用。另外，会展行业与其他行业有联动相关性，会展行业的发展可以推动酒店、交通、旅游等行业的发展，这些行业的收入提高对地方经济也会有积极影响。通过关联服务可以提高地区的综合实力，又会倒逼基础建设的完善，如通畅的交通环境、完善的住宿环境、和谐的人文环境等，这些都会反过来作用于会展活动。发展会展活动可以加强不同区域之间的联系，使技术、资源、人才跨区域流动配置，促进地方经济的发展。一个地区的会展活动会带动本地区及周围地区的发展，整合生产要素，推进经济发展。

（1）会展业促使会展产业带快速形成。会展活动是聚集性活动，举办一场会展活动需要综合人力、物力以及财力，进而可产生经济效益，推进地方经济发展。会展行业促进了生产要素的流动，刺激了周围经济的发展，形成了产业集群效应。从当前看，我国已经形成了五大会展产业带，分别是以大连为中心的东北会展区域、以北京为中心的环渤海会展区域、以上海为中心的长三角会展区域、以武汉为中心的中西部会展区域、以广州为中心的珠三角会展区域。前文对这五大会展区域进行了具体介绍，在此不做赘述。可以看出这些区域都是围绕某一个中心城市，形成了增长极，然后通过极化作用延伸到周边，促使周围的资金、技术、劳动力等元素流通，从中心区域向周围发展，通过扩散作用、拉动作用影响周围城市的会展行业，并形成会展带。中心城市就是增长极点，与周围的其他城市形成了梯度格局，促进了信息资源共享与发展，推进了产业互补，促进了区域经济的发展。例如，长三角会展带分布了大量人口，形成了巨大的城市群，是我国经济发展中心和文化发展中心。上海市开放程度大，区域优势良好，经济地位高，很多人才资源都向上海流动，科技发展程度高，这些为上海会展业提供了温床，使上海会展脱颖而出，以上海为中心向四周辐射，形成了浙江、江苏、上海互动覆盖的会展带。

（2）会展业有效推动了区域经济一体化发展。区域经济一体化发展即"区域经济集团化发展"，是指特定区域或国家通过构建经济合作机制实现联盟经济的发展，将区域之间的生产要素流通配置，从而实现区域一体化发展。区域

经济融合之后，形成了集团经济发展模式。国家经济发展也会促进社会和谐发展。在当前经济发展进程中，国家和地区都会存在各种壁垒问题，单独依靠某一国家或地区的力量很难解决经济问题，需要相互协商，共同找出解决方案。在合作过程中，各类生产要素在国家之间、地区之间流动，实现了区域经济一体化发展，各种生产要素流通的障碍影响会越来越小，甚至消失，区域经济呈现良好的发展趋势。因此，通过会展活动可以激发区域经济的发展，充分利用各种资源跨区域的配置、流通，经济发展较好的地区可带动经济发展较差的地区发展，强化生产要素流动，促进国民经济的发展。

3. 会展业改善了经济结构与资源配置

会展行业突出了聚集性，会展能力较强的城市会吸引其他地区的资源，各类资源都会聚集到这些城市。中心城市拥有更多的优势条件，如完善的会展设施、便利的城市交通、雄厚的经济基础、发达的科技，这些都为会展发展提供了可能性。更多的优势资源集中到会展城市，社会分工会细化，地区经济结构会改变，资源配置会更加科学、灵活，行业之间分工、协作，行业效益大大提高，从而实现放大效应，降低行业运营成本，切实提升经济的边际效益。

正如郭彦弘教授研究所得，会展聚集效应可以分为三种类型：第一类是会展发展与工业信息同步发展，吸引更多的银行、金融、通信聚集发展；第二类是相关服务产业的同步发展，如房产行业、酒店行业等会出现聚集；第三类是国际会展旅游产业会根据客户的需求提供各种专业的、细化的服务内容。发展会展业务促进了地方生产要素的融合，增强了聚集效应和放大效应，从而激发了市场的经济活力，让周围城市全部聚集联络起来，进一步促进了地区经济的发展。区域经济要素随着会展行业发展而发展，行业竞争更加激烈，而经济要素会随着会展行业发展出现打散、融合、集中的变化，区域内部资源会更加丰富，经济活动范围会更大，经济运行质量与水平会提升。区域经济要素的聚集、组合是开展活动的重要基础，会展活动可以优化资源配置，促进资源最大化利用。此外，聚集功能还体现为劳动报酬与就业机会的增加，经济发展下，资本与劳动力流动，提高了地方经济发展水平，为当地人们提供了更多的就业机会，劳动报酬增加，增强了人们的幸福感。往往会展实力越强大的地区，高素质人才资源积累越多，可为地方经济的发展提供体力和智力支持，这对地方经济创收而言是不可缺少的人才财富。

4. 扩大潜在市场需求，增加市场经济成交体量

根据英国展会组织者协会（AEO）的说法，企业网站是最高效的销售手段，而贸易会展仅次其后。会展举办的过程中，办展城市会聚集前所未有的人流和

商流，这种高度的聚集可以大幅度减少交易的空间成本和时间成本，并且能够实时获得精准的供求信息，对交易的质量与效率有非常大的提高。此外，会展行业不仅具有经济属性，还具有政治属性，如举办关于经济和贸易问题的大型会议，可以在很大程度上减少国际贸易壁垒，增加对外贸易量。

第五章 武汉会展业发展历程

一、清末时期武汉会展业发展

社会经济发展到一定程度,展览业便孕育而生。展览能够反映一个社会的特定阶段的现实状况和生产力的发展状况。随着生产力的发展,展览也不断完善与丰富。中世纪的欧洲是会展的发源地,尽管如此,会展生根萌芽的种子却是原始社会的祭祀仪式:仪式以陈列农畜产品等作为主要表现形式,这是会展的雏形。我国近代的展览会是随着西方国家的入侵而产生的附属产物,也是我国近代商品经济发展与社会进步的现实产物。

近代汉口开埠是武汉展览业的源头。1856年爆发了第二次鸦片战争,此次战争签订的《天津条约》等条约使全国多地的港口成为通商口岸,这些口岸分布在全国南北,除了沿海地区,还有内地。1861年4月汉口开埠,第二年1月1日设立江汉关。当时的海关在国际博览会发挥了重大的作用,是我国参加国际博览会的组织机构。原因在于清政府在此之前没有参加国际展览会的意识,并且当朝没有相应的既会外交又懂展览的优秀人才,为减轻压力,清政府将所有参与国际博览会的事务全权交由赫德掌控的海关来具体负责。在1862年设立的江汉关也是采用西方海关的模式进行机构的设置和职位权限管理。江汉关所有的财政、业务、人力等事务都由税务司把控和安排,"组织本地产品参加国际博览会"也是税务司的职能之一。因而可知,武汉近代展览会的原始形式不是由当地贸易组织在本地展示商品,由海关组织参加国外展览才是最初的形态。

随后,在港口城市逐渐建立起租界,武汉开始在外国租界的波罗馆陈列室或者外商企业中举办小型的展览会。根据历史记录,由俄国商人创办的新太砖茶厂举办了隆重的宴会和展览,作为建厂25周年庆。当时正逢俄国皇太子在中国游历,于是他们特地前往汉口参加庆祝,顺道参观了这家砖茶厂。此次的展品丰富多样，包含各色丝绸、牛皮箱、象牙雕以及汉口特产的丝绒，还将整个砖茶厂的制作工序、包含手工压机模型的制作工具都进行展列，最后为感谢俄国太子的专程到访，将展品全部赠予其作为礼品。

汉口经历被动开放，成为对外通商口岸，不久便成为全国重要的港口之一，虽然成为我国对外中转贸易的枢纽，但依然没有打击到外国商品大量倾销到我国，反而助长了这种现象：外国商品如水银泻地般渗入武汉三镇，小至针钉、火柴，大至机器、轮船，都是洋货的天下。外籍税务司手握海关管理大权，帮助外国商品倾销，甚至帮助走私，以致武汉乃至全国的民族工商业遭受重击。在这种严峻的形势下，从街巷的商民到官府的官吏，都对此有深刻的认识和反思。于是张之洞作为当时的湖广总督，奋力扛起"商战"大旗，在武汉大力发展民族工商业，帮助我国民族工商业挽回了一些利权，也在一定程度上打击了洋货倾销，为我国民族工商业发展做出了巨大贡献，同时推动了武汉商业贸易的迅猛发展。

张之洞对发展民族工商业有着自己清醒的认识，认为"商务乃今日之要政"，以此为信条，在他督鄂期间极其重视商品的推销，并为此付出了极其重大的努力，如建立商务公所。在此期间，张之洞创办了武汉最早的商品展览会，这也是武汉展览业发展的一个重要时期，其中为推销汉产而设立的汉口劝工劝商公所开了武汉乃至我国近代展览业的先河。

前有张之洞建立汉口劝工劝商公所开了武汉近代展览业的先河，后有陈夔龙创办武汉劝业奖进会标志着武汉清末时期的展览业的兴起。1909年（宣统元年），"武汉劝业奖进会"由初上任的湖广总督陈夔龙发起，在武昌平湖门外乙、丙两栈举办，成为中国有史以来首次举办的具有现代意义的全国性大型综合展览会。这次劝业奖进会的活动目的是奖励实体企业，推进商业贸易的发展，通过这样的组织活动，推销了很多商品。尤其是在这次展会活动中还展示了很多南洋产品，这为日后的南京南洋展会提供了样本，也提供了很多经验。这次展会活动的意义是不言而喻的，不仅标志清末展会行业的崛起发展，还推进了武汉工商企业的发展。当时，汉阳兵工厂生产的兵器设备、汉口棉纺产品都备受海内外客户的青睐，他们也见证了中国技术的强大。

发展到近代，武汉展览活动更加火热，很多商品都会投放到武汉博览会上展示，斩获了很多荣誉。1910年，南京市举办了南洋展览活动，又可称为"南洋赛会"，这是属于全国性的展览活动，当时的湖北省已经成立了出口协会组织，筛选了很多代表性商品参与到此次展览活动中，武汉各界均有人赴南京参加展览会。在这次活动中，武汉市商品获得了很多项荣誉，如汉阳铁厂生产的铁器产品获得了业界一致好评,武汉美粹学社的绣字作品获得了一等奖等。在本次展览会上,武汉以很多出色产品赢得了全国人民的好评,也让中国群众了解了武汉的风土人情。后来中国还参加了意大利举办的世界博览会,来自武汉的作品斩获了多个奖项,其中获奖的大多是中国特有的铜器、玻璃和瓷器等,也有汉阳生产的钢铁以及湖北特产的葛布等多种产品。

武昌商务总会于1911年(宣统三年)建立了包含南部、北部、中部的商品陈列馆,地理位置位于兰陵街商务总会的左边。其中,中部和北部陈列了我国的物品;南部陈列了国外的物品,这样的设计就是为了使国内实务家可以学习西方物品,提高设计建造工艺。后来,清末时期的武汉会展业由最初的海关组织发展为国外参展的形式,再发展到自己建立博览会,映射出清末时期武汉商业贸易发展的历程,民族工商业的发展是会展业发展的重大支撑力量。

二、民国时期武汉会展业发展

民国时期,武汉展览业进入低谷期,这与国家发展背景是有直接关系的。从民国时期发展至武汉解放,武汉经历了动荡时局,内忧外患的环境也不适合开展展览活动,外部的经济环境和政治环境严重影响到展览业的发展。曾经风靡一时的武汉展览业此时已经落后于上海、杭州、南京等城市,展览规模和展览数量都与这些城市有着较大差距。但是与自身比较,武汉展览业的发展轨迹还是曲线向上的。在该阶段开展的展览活动并不多,几个代表性活动有1914年在汉口开展的巴拿马赛会湖北出口协会展览会、1917年在汉口开展的鄂省第二次棉作展览会、1929年举办的武汉中华国货展览会以及1934年汉口国货流动展览会。

1911年2月15日,为了纪念即将通航的巴拿马运河以及发现太平洋400年,美国议会决定于1915年在旧金山举办国际博览会,并借助此次会展机会,推进不同地区与国家之间的沟通交流,促进贸易行业的发展,即历史上所熟悉的"巴拿马太平洋万国博览会"。1912年2月,这一决议得到当时美国总统的批准,美国联邦政府开始邀请世界各个国家参与到展会活动中,当时该活动被称为20世纪以来规模最大的博览会议活动。这对当时的中国而言也是一次对外建交和发展经济的大好机会,很多实业家也极力提倡中国应该积极走出国门,多参与类似这样的活动,多与国外沟通交流,向更多专业领域学习,并吸取其他国家的优秀经验。中国相信参加此次万国博览会利大于弊,也会给本国的物产改良和发展带来积极影响,因此中国政府在收到美国邀请函之后就开始着手准备参

第五章 武汉会展业发展历程

与本次展览活动。1913年5月，农商部统筹负责整个参赛事宜。当时带队参加美国博览会的是陈琪，还在6月成立了事务局，专门负责参与巴拿马展会活动，确定了成员，修订参赛章程，通知各个地区选择代表性的商品参与展览，做了一段时间的筹备。在此背景下，1913年6月20日为迎接来自农商部的审查，湖北省在汉口华商赛马场举办了巴拿马赛会湖北出口协会展览会。后在巴拿马万国博览会上，汉口展品获得多项奖励，如姚春和牌铜器、袁彩章的花缎。

武汉政治分会负责人李宗仁在1928年筹划两湖物产展会活动，但是当时上海正在举办国货展会活动，后因此耽误，之后李宗仁就请移汉展览。看到了上海国货展会的影响，李宗仁提出要扩大两湖物产展会的规模，将其改名为"武汉中华国货展览会"。武汉政府部门先后两次拨款，为本次展会活动提供资金支持，后来在1929年初成立了筹备会组织与上海办事处，各个厂商纷纷参与此次活动，先后开展了六次筹备活动会议，募集了各种出品近千种。同年2月，武汉中华博览会正式启动，在孙中山纪念堂召开，各省代表纷纷参与了本次活动，到场人数达到500人。到场的重要人士都对此次展览会举办的意义有相同的见解：张知本在代表主办方致辞时提及打倒帝国主义的根本是提倡国货，提及"中华国货展览会是很有重大意义的一件事"；建设厅长石瑛也在本次展览活动中做了重要讲话，肯定了举办展会的重要意义，提出要让更多的国民信任国货，了解国货，并提出在未来不久国货是可以完全代替外货的。同时，李宗仁也对本次展会活动举办表示了高度认可和赞同，他认为此次展览会的意义不仅在于交流国货制造的经验，更在于激发国民爱国之心。

展览场所设在总商会的二、三、四楼，与平时的展览会不同，这次展览场所主要分为两个部分，一部分是陈列区域，另一部分是销售区域。其中，陈列区域又划分为普通商品陈列和特殊产品陈列，前者主要有日常生产和生活所需的物品，后者主要是某一厂家的代表性产品，并陈列着此厂家的物品。售品部也是相同的布置，不同的只是物品可以销售出去。此次展览会在当时影响巨大，效果良好，于是原定一个月的展期延长了半个月。但令人出乎意料的是武汉发生了政局动荡，导致武汉中华国货展览会总历时39天，于1929年3月27日正式闭幕。此次展会参观人数达40余万。展览结束后，由于展品种类丰富多样，许多展品被移动到西湖博览会以供参观。

1934年，全国正在进行国货运动，在此大环境下担任汉口市长的吴国桢特拨款10万元筹组汉口市国货流动展览会，目的是提倡国货、增厚国本。为筹办好此次展览会，汉口政府向全国的厂商发出邀请，还有幸得到上海市政府的协助。此次展览会以江汉路新华公司为会场，聚集汉口党、政、军、商各方面主力，经过长时间的精心筹备和大规模宣传，最终参加汉口市国货流动展览会的厂商突破120家，主要以沪厂和汉厂为主，展品达到45类，会期持续了20天。汉口市国货流动展览会百物荟萃，涉猎广泛，展览期间全市万头攒动，场面极其宏伟，影响深远。

民国中期，武汉社会经济发展快速，汉口尤为关注展会经济的发展，还制定了一系列关于展会的决议、指导方案等，以此带动了会展经济的发展。其中，汉口特别市社会局编制的《行政计划大纲》是关于展览事业发展的指导文件。从总体上看，这是武汉市首套完整的会展规划及管理文件，它为武汉的会展活动、进出口活动、工商贸易活动指定了明确框架，并给予了很多明确政策指导。通过文件分析可以看出，当时武汉政府非常重视会展经济，采取很多利好措施推进了武汉会展经济的发展。文件框架主要分为三个部分，第一部分是描述"提倡和奖励"，鼓励更多的单位可以开展、布展，还计划成立国货陈列所，用来陈列本市各工厂出品的产品，供市民观摩，并且要求工厂每年列出以供参展的展品目录供政府鉴定，将展品出售的利益公之于众，促进了工厂以及本市经济的发展。该部分还提出了"筹办国货工业展览会"的提议，参考工业发展情况，决定每年或每两年举办一次工业展览会活动，范围定在汉口本市工厂出品的产品，但必要时将外埠工厂加入以供本市工厂借鉴参考。展览期间还可以聘请专家评判产品获奖等级，对于获奖的产品和工厂给予奖励。该部分还提及"对外直接贸易的相关奖励事宜"，鼓励更多的厂商可以出口贸易，提高外汇储备量，使人们对国货充满自信，并认为应该设立专门陈列外国商品的陈列所，便于我国参考借鉴，提升自身技术。这份具有强烈的现代意识和开放气息的计划大纲因为政局动荡、经济波动等最终没有实现落地，也影响了武汉会展行业的规模化发展。

近代历史上，武汉展会活动还有走出国门的辉煌，在1914年欧洲博览会上，汉阳钢轨斩获了大奖。在这一时期，除了商业展览丰富，文化艺术展览也得以快速发展。文化艺术展以教育类展览和美术类展览为主。在抗日战争时期，这些文化展览更多地用来鼓舞和动员群众，激发人们的爱国之心。例如，仅1947年武汉就举办12次画展，这些文化展览赋予了展览会更深层次的功能和意义。尽管如此，从宏观角度出发，民国时期却是武汉展览业从鼎盛走向衰落的时期。

三、中华人民共和国成立初期武汉会展业发展

1949年5月16日是武汉历史上的分水岭，这一天解放武汉，武汉历史进入

新篇章。经历了战争，武汉变得满目疮痍，经济受到重创，因此中华人民共和国成立后的第一件事便是恢复生产，进而努力恢复昔日的繁荣经济，重振武汉这片土地。

　　由于抗日战争的爆发，武汉会展业的发展进入夕阳阶段。抗日战争结束以后，随着政策扶持，经济开始复苏。1949年10月1日中华人民共和国的成立更点燃了武汉会展业重新开始发展的火苗。党和政府采取了一系列积极措施，全国的生产和交通逐渐恢复，物价也趋于稳定，经济稳定发展，国内环境安定，为武汉会展行业的发展提供了保障。20世纪中叶，武汉工业展览会拉开序幕，在整个会展活动中先后开放了7个场馆，分别展览了电工、纺织、机械、化工等产品，展会活动展览产品多达3 300件，参展企业单位共计100家。此次工业展览会也是中华人民共和国成立后武汉第一次举办的展览会，其圆满成功也预示着武汉展览业发展的广阔前景。第一次工业展览会旗开得胜，给予了武汉会展业发展强大的信心，也积累了丰富的展会举办经验，之后武汉先后开展了其他专业展会活动，推进了武汉展会事业的全面发展。从1951年开始，连续几年武汉举办了多次展览会：1951年2月的"科学知识展览"使更多百姓了解到先进的科学知识；5月举办的"反革命罪行展览"的主办方是中南军政委员会公安部及武汉市公安局，吸引了33.5万人前来观展；6月组织的"中南区土特产展览交流会"推进了商品交易活动；次年5月推出了独具政治特色的促"五反"展览会，在汉口开幕，本次活动主要是针对党政问题优化实施的活动，通过展览会的形式传播政治理念；7月举办了"中南物质交流大会"，最终的成交额达2.3亿元，购销总值达4.3亿元，是中华人民共和国成立以来武汉展览会成交额较大的一次展览。1953年初，武汉召开了物质交流大会，本次展会周期长达30天，展会营收达到了3 700万元。同年3月，举办了"湖北爱国卫生运动博览会"，向国民宣传卫生教育。

　　武汉展览事业进入全面复苏与发展阶段的标志是1956年4月中苏友好宫（武汉展览馆）的建成。当时，国内四大会展之都——北京、上海、广州、武汉都建有各自的展览馆。中苏友好宫的建成使武汉在国内外的展览界收获了较高的声望，也促进了武汉会展业的发展。场馆建成之后，"苏联经济及文化建设成就展览会"成为中苏友好宫的第一次开馆展览。1959年，中苏友好宫相继举办了几场大型展览会，如"湖北省十年经济文化建设展览会""雷锋事迹展"等展览。

　　中华人民共和国成立初期的武汉展览的主要职能不再是经济方面的宣传推销，主要是服务政治活动，主要起宣传作用，由此也可以看出当时的展会功能以政治宣传为主。随着后来的发展，工业展会顺利完成之后，展会经济功能被提高，武汉市看到展会带来经济收益，更推进了产业的发展，加上当时的政治背景，中华人民共和国刚刚成立，稳定人心、发展经济是重要任务，而通过展会方式既能达到政治宣传的效果，又可以推进经济的发展。

总而言之，这一时期武汉会展业得到了健康、快速的发展，展览的领域不断扩大，涉及多个方面，为后期武汉会展业的发展奠定了基石。

四、社会主义市场经济时期武汉会展业发展

改革开放以来，国民思想不断开放，社会主义市场经济发展良好，国内经济环境、政治环境以及文化环境都在逐步变好，武汉会展行业开始进入快速发展时期，展会功能更加多元化，除了政治作用之外，更突出了经济作用和文化作用，通过展会活动切实推进了汉口经济的发展。根据相关资料记载，1985年左右，政府给予相应的开放政策，云溪武汉展览馆每逢周日都会展出各类商品以供销售，使武汉展览馆成为受人欢迎的商品交易中心。

1984年至1985年，武汉经济地位和政治地位得到大幅度提升，从被选定经济体制试点城市到后来的计划单列城市，武汉经济发展空间得以拓展。尤其是在1985年之后，武汉可以直接经营进出口业务，这给武汉经济发展带来了极大福利，为经济转型发展提供了更好的机会和平台。从一定程度上看，经济环境也算是会展业发展的"晴雨表"，随着武汉城市经济体制改革的深入，会展业的发展天气变成"大晴天"，并迎来了武汉会展业腾飞的阶段。

这一时期整个国家的主题是"改革开放"，会展业的中心旋律也是如此。为迎合改革开放的主题，会展大多以商品洽谈会和出口商品展销会的形式展现，地点不再以本地为主，大多到外地参展。国家为促进外贸发展，制定了一系列开放政策，武汉市政府也积极响应，组织武汉厂商到其他国家举办武汉出口商品展销会，推销武汉产品。20世纪80年代末90年代初，武汉市市长每年都会带队到香港、珠海和澳门开展武汉商品洽谈会议，并在广州、上海等地区参加交易活动。1987年，为探索横向经济联合发展，武汉联合湖北周围的湖南省、江西省、山西省组成"武汉经济协作区"。经济协作区像是无形的圈，为推进城市圈的经济协同发展做出了很多改革，如要求协作区每年必须轮流开展商品交易活动，并将其设定为硬性规定。实践证明，这一举措收到了立竿见影的效果，各类特色展销会活动刺激了地方经济的发展。同时，不断举办会展活动，为武汉市开展国际型会展活动积累了丰富经验，使武汉会展活动规模越来越大，越来越接近国际化标准。

第五章 武汉会展业发展历程

在区域经济互动发展中，武汉市也非常重视外部经济贸易，如20世纪80年代末武汉市牵头开展了"外贸活动洽谈会"，本次会议属于综合性的国际展会，参与的国家有日本、美国、英国，最终这次贸易洽谈会取得了良好的经济效果。"武洽会"取得了令人满意的效果，为了促进对外交流和开放，一直延续到现在，现已被培育为武汉会展业的重要品牌。此外，武汉还举办了其他展会活动，主要代表性活动有"畅销商品展览会""食品博览会""商品展销会"等展览。1994年，武汉还举办了全国性的图书展览会议，吸引了国内外大批参会人员，大大提升了武汉会展业的地位。

这一时期，武汉会展的规模向大型会展靠近，会展形式随之变化，形成了"文化搭台，经贸唱戏"的局面。1992年和1993年连续举办的武汉国际杂技艺术节和武汉国际横渡长江节的圆满结束展现了"文化搭台，经贸唱戏"的新的活力。武汉国际杂技艺术节创新性地将会议活动、艺术活动以及展览活动融为一体，并将艺术和商贸整合一体。在本次活动期间，为契合政府的号召与要求，还植入了其他特色节庆活动、全民体育活动，如"第26届横渡长江节""第三届金秋园林艺术节""92中国武汉黄鹤文化节""黄鹤楼中秋赏月游园焰火晚会""中国画大赛获奖作品展览"等，很多大型酒店、特色饭店也会定期举办"美食品尝活动"以及"美食节"，丰富会展的内容和形式。值得一提的是，此次艺术节还组织了武汉国际杂技艺术经贸洽谈会，通过艺术促进贸易发展。后来武汉市在武汉展览馆举办博览购物中心，融合武汉7个城区，城区内建立了5条风格特异的商业街以及4个夜市，1 000多家企业参与其中展示自己的产品。资料记载，参加本次会展活动的客流量达到了1.4万人，其中海外客商共计400人，分别来自全球22个不同的国家，本次活动最终交易收入达到43亿元，较预算目标增加了整整一倍。这次活动的美满成功使武汉各界充分认识到会展也是城市经济发展的一驾马车。

除了上述的武汉国际杂技艺术节，当时的武汉展览馆举办的最为成功、影响深远的展会活动是1994年举办的图书展览会。此次活动是全国性的展会活动，不论是活动规模，还是展示的图书类型都是在全国首屈一指的，且此次活动的成交额刷新了纪录。此次图书展览会准备充足，筹备时就注入了多项首次创意：首次在展厅设置精品展示厅，以供精品书籍展列；首次设置期刊馆，期刊馆成为期刊首次亮相的载体且意义特殊；等等。此次图书展览会的举办也反映出武汉会展业的发展已经进入初步繁荣阶段。

总览这一时期武汉会展业的发展，其整体呈现生机盎然的景象，这一时期不论是会展规模还是展品质量都得到了质的提升。经济带动会展业发展，会展业也会反作用于经济，会展行业融汇了各个行业的信息和资源，通过会展活动将信息引入再输出，使会展如同一个交换平台，促进了武汉交通业、旅游业、酒店业的全面发展，反过来这些相关行业的发展又推动了武汉会展的发展。

然而在武汉会展高峰时期，在武汉会展业扮演主角的武汉展览馆迎来灭顶之灾，被政府拆除，此举给武汉会展业带来了一大重击。武汉展览馆的拆除直接导致武汉会展发展跌落千丈，远远落后于北京、上海、广州的会展。此影响至今还没有消散。

由于之前许多展览都在武汉展览馆举办，武汉展览馆拆除后并没有及时进行建设，有很长一段时间武汉根本没有可以容纳更大规模人员的场馆，会展数量也受到影响。武汉会展业遭遇重创的同时却是全国会展业的快速发展时期，整体的会展环境在变好，但武汉却在退步。为了改变这种情况，武汉各方组织力量开展了协同合作，在汽车市场、杂技厅、体育馆等地方积极开展活动，如年末举办的春节备货展览以及秋冬举办的丰收展览等。这些举措使武汉展览业在武汉展览馆拆除后得到了相对的发展，使武汉会展业并没有完全败落。

这一时期虽然因场地限制，武汉展览业发展受限，但是理论制度方面却得到更好的完善，从文件内容上增强了会展业的规范性。即使受到场地限制和影响，武汉展览业也挖潜了很多宝贵资源，并运用这些资源发展了会展事业，现在知名品牌"食博会"等都是这段时期来之不易的成果。

进入21世纪，武汉经济更加发达。2001年，武汉国际会展中心、武汉科技会展中心、湖北省农业博览中心先后顺利竣工，这三个场馆成为武汉专业展会场馆，这也代表着武汉的会展业重新发展，向前迈进。此时，会展已不再是一种文化展览，而被武汉市列为新兴重点行业，希望通过知名的品牌展会，如"机博会""光博会""农博会"等，发展会展经济，带动武汉的商业经济发展。

如今，武汉已经成为新一线城市，我国的社会主义市场经济环境也越发成熟，武汉展览业的基础设施经过不断扩大、升级，现在已经基本完善。武汉会展业的专业性、综合性都有专业人士指点，也得到了质的提升，同时会展也不断融入国际文化，加快了与国际会展接近的步伐。

第六章　新时代武汉会展经济发展概况

一、会展企业的分工与协作

随着市场经济的高速发展，企业作为市场的主体，在经济发展的过程中扮演着越来越重要的角色。从目前会展行业的情况分析，国内会展发展快速，但是多数会展规模小，会展公司竞争优势不足，专业度不足，未来需要提升的空间还有很多。调研数据显示，当前武汉只有小部分规模会展企业拥有专业化的水平，武汉会展行业的发展情况符合我国会展行业的整体发展趋势，专业化程度和实力都有待提升。

武汉会展企业之间的合作程度有待加深，应加强企业之间的联合或者推动大型会展企业对小型会展企业的兼并与收购，促进企业之间的信息有效交流，达到资源的优势互补。会展企业开展活动涉及多种产品与服务，会展企业在确认产品、提供相应服务方面需要耗费一定的资源，它们彼此分工协作，提供相应的信息，可以将此看作一个"企业网络"，通过网络中的分工与合作来获取资源，打破独自经营的局限性。将分工与合作运用到会展企业发展中，能够提高企业的经营效率，使企业利润达到最大化。在经营过程中，会展企业面临着生产成本和交易成本的双重压力，有必要通过分工与协作来提高效率，降低经营成本。

武汉会展经济的发展优势在于举办大型会展的硬件设施充足，基础设施等条件优越，具有举办大型会展的硬性条件。

武汉近年来已有的大型展馆：武汉国际博览中心、武汉国际展览中心、武汉国际会展中心、武汉科技会展中心等（表6-1、表6-2）。这些会展场馆正逐步朝标准化和现代化方向发展，大型会展中心集文化休闲、酒店、展览、会议、旅游于一体，具有完善的基础设施、服务功能设施，具备良好的举办大型会议、展览的接待能力。

表 6-1 武汉大型展览场馆基本数据

名称	展览总面积/平方米	室内展览面积/平方米	室外展览面积/平方米	标摊数量/个
武汉国际博览中心	190 000	150 000	40 000	6 880
武汉国际会展中心	119 000	65 000	54 000	2 800
武汉国际展览中心	95 000	55 000	40 000	2 800
武汉科技会展中心	67 000	35 000	32 000	1 000
中国文化博览中心	100 000	—	—	—

表 6-2 武汉大型展览场馆硬件设施详细情况

名称	展览面积/平方米	标摊数量/个	硬件设施
武汉国际博览中心	190 000	6 880	主要将会展区域划分为会展、会议、酒店三类，包括74个会议中心，6 000平方米的宴会厅，五星级洲际酒店套房490套，四星级假日酒店客房640间，集海洋乐园、旅游、住宿、生态居住区于一体
武汉国际会展中心	119 000	2 800	集会议、展览停车场、信息交流平台、商业会谈、购物、外商服务、室内广场、室外广场等多功能为一体，为客户提供相应服务，如通信、餐饮、住宿、休闲、娱乐等多种服务，会展中心、广场、主体建筑三位一体，相互贯通
武汉国际展览中心	95 000	2 800	展位配套设施是依据国际惯例设立的，进行综合布局。会展中心具有不同类型、不同风格的会议厅40间，总面积达到15 000平方米，功能完善，设施先进。集会议、展览、餐饮、住宿、旅游、办公、文化休闲等活动于一体

第六章　新时代武汉会展经济发展概况

续　表

名称	展览面积 /平方米	标摊数量 /个	硬件设施
武汉科技会展中心	67 000	1 000	是一座大型智能化、多功能、综合的展览中心，展览场馆外配有绿化广场。会议厅面积15 000平方米，有不同风格、不同类型、不同规模的会议厅、多功能厅、宴会厅、报告厅等四十几间，餐饮、酒店公寓等配套设施35 000平方米，中心分为A、B两座，A座主要举办文化教育、科技等小型会议展览，B座主要举办汽车、电子、机械等大型专业会议展览
中国文化博览中心	100 000	—	30 000平方米的展厅与新闻发布厅、会议室、休息室等配套基础设施，分为A、B、C、D四个展厅，A厅面积10 000平方米，B、C、D厅面积5 000平方米，展厅内部可以进行连廊或分割，一次性可以容纳上万人

二、城市会展业竞争力评价

近年来，会展业作为新兴产业发展迅速，全国范围内的会议、展览数量逐年增长，基础设施建设不断完善，会展业的经济规模增长速度高达年均20%，会展业成功成为国民经济中的快速发展产业。目前，全国范围内的会展经济产业带主要分为三类：京津地区、长三角地区、珠三角地区，东北地区、中西部地区协同主要地区发展。会展业的发展能够促进城市经济的增长，如能够为城市带来经济利益与社会效益；促进相关产业（如旅游业、交通业、运输业等产业）的发展；促进经济贸易合作；促进文化交流与传播，实现信息交流沟通；实现产业升级；树立城市形象；等等。一些地方政府十分重视会展业的发展，将会展业划分为支柱产业，出台相应的政策，推动场馆设施建设与基础设施完善，以实现会展业发展的目标。会展业已成为很多城市提高竞争力的重要手段之一，对于交通便利、通信发达、开放程度深、基础设施完善的城市而言具有很大的优势。发展会展业往往能够成为促进城市经济发展的首选战略。构建城市会展业竞争力评价指标能够在一定程度上为城市会展业的发展提供参考。

本书参照城市综合竞争力核心指标，结合会展行业自身发展特点，大致将城市会展业竞争力的评价标准分为基础设施、人才培养、产业特点、环境优势、区位特点、经济发展结构、相关政策七个方面，通过以上七个指标对武汉会展业竞争力进行评价。通过城市会展业竞争力综合指标对中部地区的省会城市武汉、郑州、长沙、南昌进行评分，从得分的情况分析，会展业综合竞争力评分排名依次是武汉、长沙、郑州、南昌。武汉会展业竞争力具体表现如下。

武汉市在基础设施、人才资源、地理位置方面展现了充分的优势。武汉市拥有众多高校，并且开设与会展相关的专业与研究方向，人才培养方面具有明显的优势，拥有充足的人力资源和专业人才。武汉作为华中地区人才荟萃之地，高等院校众多，科研院所林立，拥有八十几所普通高校、近百家省级以上科研机构，是全国重要的人才培养基地。武汉某些高校设立了与会展业相关的专业与研究方向，加深了对会展从业人员的培养，体现出武汉在培养人才方面具有独特的优势。会展行业对从业人员的要求较高，城市会展业能够通过人才引进和培养会展从业人员的方式来提高会展行业从业人员的整体实力，对武汉高校资源充分利用能够培养专业人才，促进会展行业的发展。武汉的区位优势也十分明显，铁路、公路、航空、水运等交通发达，武汉市"九省通衢"的交通战略定位是中部其他城市无法替代的，武汉市的铁路货物周转量、旅客周转量相对其他省城市具有充分优势，同时具备水路运输、陆路运输、航空运输三位一体的立体交通网络。武汉位于长江中游地区，地理位置优越为货物的运输带来很多便利。武汉作为中国重要的公路枢纽，公路总里程高达 1.11 万千米，其中 316 国道、318 国道、106 国道、107 国道经过武汉，另外，还有 16 条省道在武汉交汇。航空运输方面，武汉是华中地区的航空中心，交通十分便利。

武汉市会展行业的发展规模逐渐扩大，拥有武汉科技会展中心、武汉国际博览中心、武汉国际会展中心等多个展览场馆，会展场馆数量逐年上升，展览的数量、规模也有大幅度的提升。武汉市大小中型会展场馆发展迅速、功能齐全、分工明确，专业化水平高，基础设施齐全，注重与周边省会城市的合作，可推动会展活动的发展。武汉市的社会资源和经济发展条件良好，产业结构的不断优化支撑着会展行业的发展，可创造更多的会展需求。近年来，武汉市成功举办了很多大型博览会，如世博会、机博会、食博会、光博会、农博会、汽车博览会等品牌展览，充分利用节日赛事活动来提高武汉会展的知名度，使武汉会展的专业化、规模、组织程序、展出效果等方面都有了大幅度提升。

三、会展企业的机制创新

进入 21 世纪以来，市委、武汉市政府为了推进武汉会展的发展，采取了

第六章　新时代武汉会展经济发展概况

一系列措施。例如，完善硬件设施，建设基础设施完善、水平领先的会展展览场馆；完备软件设施，颁布相关政策，推进了武汉会展业的健康发展。武汉市会展协会组织是在2009年成立的，发展至今已有十多年的历史。最初成立该协会组织就是为了推进武汉展会事业的发展，希望可以早日形成健康化、全面化发展的会展行业。

从目前的发展状况来看，武汉会展企业善于积极利用大数据信息。大数据是指大量数据的集合，由麦肯锡提出。大数据具有如下特点：数据种类繁多、量大、流转速度快、价值相对较低。从目前金融科技情况来看，证券公司进行业务处理时，大数据已经广泛投入使用，被应用于业务处理。大数据时代下，会展企业之间的协同合作不局限于产品服务，还包括信息服务等，会展企业通过信息服务，能够利用大数据对数据进行分析评估，对会展的产品、消费者的兴趣偏好和行为态度、竞争者等相关数据进行研究。专业的会展公司在进行会议策划、会展场馆的现场搭建、提供相关服务等众多方面能够提供高质量的产品。会展企业在提供相关服务的过程中需要充分考虑消费者的服务体验。市场上有软件公司针对会展行业大数据运营的服务体系，能够为会展企业提供了一个有效与消费者"沟通"的平台。通过该平台，会展企业能够对消费者信息进行搜集、整理与分析。大数据发展背景下，武汉会展企业通过市场调研、分析，综合地对市场环境、消费者偏好、产品投放渠道、产品市场、运营风险等相关信息进行了解，能够更加清晰地认知市场。

互联网技术如今也被充分运用到会展企业中，中国的互联网起步、发展相对外国较晚，但是发展的速度很快。从当前的情况来看，支付宝、微信等第三方支付的发展足以证明中国在互联网发展和手机支付方面已经取得了较好的成绩，同时说明中国互联网技术发展速度快且成熟，能够促进会展信息的交流。互联网等新兴技术成为会展展览成功举办的重要因素之一，互联网在会展企业营销过程中对于网络平台的构建、相关会展信息的宣传发挥了重要作用。在科技快速发展的信息时代，网络是信息的主要传播途径之一，武汉会展行业也充分认识到互联网的重要性，建立会展企业网络平台，对会展的相关消息进行宣传，能够更具体、准确、高效地汇聚信息。会展企业逐步建立起自己的会展网站，各个会展企业之间交换网站链接、广告也是会展企业协同发展的形式。武汉市的会展企业能合理利用互联网，让消费者主动参与体验，达到高效率的空间展示效果，使会展行业实现了突破性的发展。

四、会展经济的产业发展

21世纪,会展业不局限在政治功能、文化功能,更突出了经济功能,不局限于以货币为主的买卖活动或展览活动。会展业作为具有生产力的新兴服务行业,具有信息交换、技术共享、为生产者提供服务等相关属性。会展行业有较强的对不同行业的辐射能力与拉动能力,可推动其他行业的进步与社会经济的发展。武汉会展项目趋向于多样发展,其参展数量、参展项目、参展人数都有所增加,并呈逐年增长的发展态势。

目前,武汉会展行业从整体上看仍处于快速发展的阶段,虽然有一部分会展品牌知名度较高,但多数会展品牌处于发展初期,知名度相对较低,创新相对不足。这一部分会展企业能够依靠已有品牌以及知名度较高的企业来带动自身的发展,或者依托武汉市的钢铁、石化、交通运输、光电信息等优势产业进行创新发展,将这些产业的优势充分利用到会展行业中,以产业的发展吸引更多投资商、观众、参展商,从而带动武汉市会展业的进步。无论是传统的第二产业,还是新兴的第三产业,对武汉市会展行业来说,都具有各自的优势。将这部分优势利用到会展业中,可提高武汉市会展业的整体实力与专业化程度。随着武汉经济的高速发展与产业结构的完善升级,传统的优势产业成为武汉会展业发展的助推器。

会展经济的发展促进了传统产业、新兴产业共同发展。会展业归属于服务业,并且对第一产业、第二产业、第三产业均有涉及,如涉及第一产业的农博会,涉及第二产业的汽车博览会、家具展览会等,涉及第三产业的旅游博览会,地区富有特色的产业以及产业集合发展能够为会展的成功举办提供良好的发展环境。武汉汽车产业作为武汉经济发展的支柱型产业,具有规模经济效应,能够带动其他产业的发展,为中部地区的经济增长创造了条件,近年来也在不断进行产业创新,进行自主品牌的研发。武汉市的桥梁业以及钢结构产业也是武汉的优势产业,中建三局、中铁十一局、中交航二局等国企使武汉市的桥梁产业与钢结构产业在全国范围内具有重要的影响力。武汉的食品加工产业也为武汉会展业的发展做出了一定的贡献。武汉食品加工产业主要集中在东西湖地区,据相关数据的统计,产值过亿的超过十家,食品加工产业主要集中在乳制品加工、饮料加工等食品加工方面。光电子信息产业是武汉市代表性最强的新兴产业,光谷的光电子信息集群在全国范围内已有很高的知名度,且发展速度很快。武汉光谷的高新技术企业达到上千家,其中包括研发类企业以及生产类企业等,这些企业共同发展，为武汉的经济发展创造了活力，传统产业以及新兴产业的快速发展促成了武汉"机博会""食博会"等众多会展品牌的产生。

五、会展产业的品牌化市场战略

品牌化发展是企业发展的必经之路，可创造差异，实现个性化，实现企业的目标与价值。会展企业的发展分为价格化、质量化、品牌化三个阶段，第三阶段品牌化表示品牌具有独特的价值。武汉市实现"会展名城"的目标需要充分发挥品牌化优势，武汉会展经济的发展涉及多个领域，离不开品牌化发展。

从武汉市会展企业目前的发展状况来看，会展企业的数量保持逐年增加，但大多数会展企业规模较小，专业化程度较低，实力偏弱。武汉市提升会展品牌化程度需要明确会展企业的发展定位与方向，可以选择优势产业与具有潜在优势的新兴产业作为发展基础。武汉市以具有发展优势的会展业作为基础充分发展品牌会展，利用新兴会展行业占据高点，以新型会展来扩大市场。在会展业发展的进程中，会展项目的开展、会展场馆的建设都需要进行品牌塑造，制定品牌化发展规划，塑造与品牌化定位相一致的会展企业，才能提高品牌知名度与核心竞争力。会展活动的开展离不开会展项目，会展项目可以作为会展品牌的载体，向参展人、参展商充分展示品牌的相关信息，通过塑造会展的品牌价值，传递良好的价值理念，提高参展的满意度，树立良好的形象，获得会展行业的认可。

武汉会展业近几年的专业化水平有所提升，知名度也在全国范围内大幅度提升。随着武汉会展经济的不断发展，各种类型的会展逐渐涌现，激烈的市场竞争也推动着武汉会展向前发展，武汉光博会、机博会、车博会成为华中地区的知名会展。"中国光谷"国际光电子博览会暨论坛简称光博会是近年来中国最大的光电子信息产业基地的国际盛会，2002年创办至今，已经有30多个国家和地区的数千家知名企业参展，数十万观众参观，成功举办上百场论坛，所涉及的信息技术包括光纤光缆技术、光子技术、光电子技术、3D打印技术、激光技术等，由此可以看出武汉会展业乃至中国会展业品牌知名度的提升。以第16届武汉光博会为例，有来自美国、英国、德国、俄国、日本等众多国家和地区的数百家企业参展，全球的光电机构都参加了光博会。由此可见，武汉光博会已经成为国内与国际光电子产业联系的桥梁。武汉机博会全称中国国际机电产品博览会，是由武汉市人民政府承办的重点专业展览会，自2000以来，已经成功举办了15届，武汉机博会的品牌效应逐年扩大，经过数十年发展，影响力也不断增强，在专业领域内的号召力不断提升，可作为技术、信息交流的平台，具有很强的外溢效应。根据数据统计，武汉机博会吸引了超过5 000家参展商前来参加，提升了机博会的国际知名度以及品牌效应。机博会的开展也能带动整个机电行业的发展。机博会经过数十年的发展，吸引了大批国际知名的参展商前来参加，代表了中国机电行业发展的领先水平。从历年机博会举办的情况来看，新技术、新材料、新工艺产品超过80%，达到了世界的领先水平。以东湖高新区、武汉开发区为核心的产业集群在武汉机博会上集体亮相，充分向世界展示了武汉企业的品牌风采。机博会的发展也能与城市发展形成良性互动。武汉拥有地理区位优势、良好的交通运输条件、产业优势，这些都能在一定程度上促进武汉基础设施的完善，推动城市发展。近年来，随着武汉光谷地区的迅速发展，东湖高新区成为全国仅有的两个国家自主创新示范区之一，武汉被国家定义为中部中心城市，为机博会的国际化、品牌化、专业化创造了条件。经过多年的发展，机博会引进了大批富有技术含量的参展商，不断创造着高水准。

六、会展经济的产业关联

会展行业是一个与服务业密切联系的边缘化产业，会展业的发展与当地的产业结构、基础设施建设、服务水平、经济发展程度有一定的联系，保持各个产业平衡发展能够促进会展行业健康发展。组织一场展览不仅需要满足产业的直接需求，还需要充分考虑餐饮、住宿、交通、通信等相关产业的发展。

武汉市当前代表性展览中心主要有武汉科技会展中心、武汉国际博览中心、武汉国际会展中心等。随着经济的稳定发展，加上人文文化的开放化发展，会出现大规模的展览场馆供不应求的现象，武汉目前的大规模展览场馆处在相对短缺的状态，因此武汉对场馆的现代化建设需要更加重视，对旅游业、运输业的发展也十分关注。武汉交通运输业越来越发达，目前地铁运营线路共9条，交通十分便利。但是旅游景点缺乏武汉特色，协调能力较弱，广告宣传相对薄弱，大多集中在小型广告，且同质化严重，没有凸显武汉的特点，定位不明确，缺乏创新力。会展行业的发展与商业贸易、交通运输、餐饮食宿、城市基础建设等行业的关联性较高，需要共同发展，共同进步。

由于会展行业是综合型产业，会展业的发展必然会带动相关联产业的发展，会展需要充分利用好产业之间的关联性，进行产业的优化组合，实现产业共同发展，从而推动会展业的进一步发展。

七、会展企业协同发展

协作可以被充分应用到企业发展过程中，帮助企业获得更多的收益，使企业达到利润最大化，获得独立经营无法获取的收益。更深层次地探讨协作如何帮助企业达到利润最大化的目标，可以运用交易成本理论分析。交易成本是指企业经营过程中获取市场交易信息、商业谈判、经常性的契约费用等费用的总和。市场的整体运行是需要一定成本的，交易成本会对企业的生产经营造成影响，企业通过互相协作来达成市场"内部化"，节省在市场运行过程中的交易成本，获得更多的利润。会展企业在运营过程中，也有生产成本较高的问题，会展企业很有必要通过协作发展降低运营成本。要实现高效运作模式，实现会展市场的规模经济，一是要构建会展企业协同发展平台，二是要对会展企业协同发展机制进行创新。

对会展企业协同发展平台的构建需要从协作网络的建设入手，通过供应链管理，利用市场的价格机制进行调节。会展活动的举办需要耗费一定的成本，并且会议展览活动的开展涉及多个产业、产品以及生产服务型企业。在签订相关契约之前，企业所耗费的人力资源、物力资源、信息成本等要素要提供给供应商；在签订契约的过程中，企业需要与供应商进行价格商讨，很有可能引入第三方作为公正者；企业在签订契约后，为了防止对方违约，还会产生产权保护相关成本。会展企业的整个经营过程可以看作网络体系，通过这个网络，企业彼此之间协作完成市场交易，企业可以通过协作网络获取相关信息资源，突破其局限性，并且能够提高信息沟通的效率，优化企业生产结构，等等。从近年来武汉会展的发展状况来看，武汉成立了会展业协会，湖北省会展业商会于2007年3月在武汉成立，该商会作为湖北省会展业的行业性社团组织，由湖北省内各个场馆、会议、展览等相关活动及业务的会展业成员自愿组成，目前有48家企业注册，包括广告展览公司、旅游机构、酒店、研究机构等，超过200名成员。行业协会能够协助企业发展，使会展企业能够更好地对资源进行整合，对项目、产品、场馆等行业信息进行了解，从而建立友好的合作关系，实现长期业务关系，促进整个会展行业的发展。

会展企业在与其他企业进行合作的同时，也会与市场中的非会展企业产生联系，主要体现形式为将会议展览业务外包给专业的会展企业。会展企业之间的协作能够促进整个行业的发展，促进会展平台经济实现高效对策。在企业的生产经营过程中，存在组织和管理成本归属于企业的内部交易成本的现象，企业可以选择将生产外包给其他企业，这也体现了企业的经营过程没有将市场上所有生产一体化。这一方面能够提升企业的经营效率，在一定程度上控制企业内部的交易成本；另一方面扩大了会展企业的协作范围，降低了业务处理方面的成本。会展企业与会展企业之间、会展企业与相关协作企业之间的协作网络构建实现了会展企业线下协作平台的构建。

会展企业积极利用新兴技术，如大数据、互联网等，进行发展。会展企业利用大数据进行信息处理，即利用相关数据软件工具来获取数据、管理数据并进行数据的处理。大数据时代下，会展企业之间的协作不局限于提供产品、服务，还将实现多元化发展，如信息服务、战略资源服务等。在信息服务方面，会展企业可以利用大数据对相关信息进行分析评估，对会展产品、市场环境、消费者相关行为、消费者态度、行业竞争者进行研究。会展公司在举办会议展览之前，应进行会议的策划、会议场馆现场的搭建、会议展览现场的服务等，以提供高质量产品。会展行业是服务行业，因此在运营过程中要充分考虑消费者的服务体验。目前，市场上有软件公司研发了基于会展相关信息的软件，以针对展览大数据运营的服务体系。该软件能够根据消费者需求、会展企业、供应商提供云计算的集成化移动平台服务，会展企业通过这个软件能够对消费者的行为与偏好信息进行收集、整理，并对收集的数据进行分析。大数据发展背景下，会展企业能够与关联公司合作，如调研公司、市场分析公司等，对市场宏观情况、产品市场发展状况、产品投放渠道、经营成本、市场风险、产品的收益率、消费者认知、消费者兴趣以及偏好、品牌影响力、市场竞争情况等相关信息进行综合全面的了解。大数据规模大、种类多、处理信息迅速、低价值密度的特点能够帮助会展企业对将要提供的产品、产品发展市场有更加清晰、全面的综合认知。

互联网技术的发展为会议展览的成功举办提供了支持。在会展企业协同发展的过程中，互联网技术也占据了很重要的地位，其表现形式为会展企业进行营销时，网络协作平台的搭建以及网络技术的运用等。随着经济的不断发展，科技不断进步，网络在会展企业的经营过程中占据了十分重要的地位，这就更需要会展企业重视网络平台的构建。中国会展网经政府认证，属于中国商会联合会，作为会展业的官方网站，集合了各地方会展网站和门户网站，是进行资源搜索、利用相关信息交流的会展企业协作网络平台。网络平台的构建能够更精准、及时、具体地汇集市场信息，确保会展企业获取信息的渠道畅通。同时，会展企业逐渐构建属于自己的营销网站，不同会展企业之间交换平台链接，也属于网络协作的形式之一。在会展设计过程中，经常会运用移动互联网技术，包括日常生活中常见的二维码、软件的应用等。目前，展览的形式不仅仅局限于线下展览，也包含线上的网络展会、云展会等，突破了传统会展举行方式的局限，优化了观众的参展体验。会唐网是中国第一家能够完整提供会议展览等活动的云技术管理公司，可一站式提供会议活动中各项所需要的服务，人们通过网络平台可掌握更多有效信息。为了迎合市场发展的新形势，会展企业通过与移动互联网的合作，优化观众的体验，实现会展企业的高效率发展，更好地与观众产生有效交互，保证信息传达的有效性与及时性，通过会展企业之间的协作，实现会展业的突破性发展。

第七章 武汉与其他城市会展经济发展的比较分析

近些年来,国内一些主要城市都在大力发展会展经济,并取得了可喜的成绩,比如上海、广州、长沙、郑州等,这些城市的会展经济发展已成为国内会展经济发展的标杆。与这些城市相比,武汉虽然已经开始发力于会展经济,但仍略显不足。为了了解武汉会展经济与国内会展经济发达城市的差距,本研究于2015—2019年间对国内主要城市的会展经济进行了调研。调研的内容主要是从市场与政府的关系、会展展馆、会展业高校教育资源、会展业发展水平、国际竞争力等五个方面将武汉会展业的发展与一线城市和新一线城市会展业的发展进行比较分析,以便了解武汉会展经济发展现状,把握武汉会展经济与发达城市会展经济的差距和自身的不足,最终为武汉会展经济发展提供经验借鉴和政策建议。

一、与上海、广州等国内一线城市的比较分析

(一)政府与市场关系比较分析

近些年来,在上海举行的各种展览和会议(论坛)中,有90%以上是以市场为导向的,即市场化程度很高。由政府赞助或支持的展览正逐渐成为市场导向。除中国博览会、工业博览会和跨采大会议外,其他国际展览会由公司独立运营。在组织展览活动中,逐步形成了一套完整的以市场为导向的策划、广告宣传和运作机制,并形成了许多市场化程度高、竞争力强的重要品牌展览项目。在会展业的行业管理方面,成立了市会展业行业协会,逐步从政府的审批/经营管理转向行业协会对产业的自律管理。

在会展经济的市场化方面,广州首先采取了一项灵活的政策,对会展公司给予税收方面的优惠。2009年,广州市海珠区人民政府发布《广州市海珠区扶

持会展业发展的若干意见》，展览公司享受不同程度的场地租金优惠，同时争取更多的知名且具有影响力的会展品牌落户广州。2010年，广州市政府设立了1 000万的专项资金，支持广州会展业，每年开发一些重点会展品牌，并积极推动项目的市场化运作。制度化方面，宏观上出台相关政策、法规和支持措施，比如，《广州市会展管理条例》《广州市人民政府关于加快会展业发展的若干意见》等相关法规的出台、会展行业协会根据广州会展业的实际情况制定的《广州市会展业行业规范》等条例，但仍然迫切需要提高其可操作性。在微观层面上，有必要建立和维护会展相关行业的支持服务系统，并逐步建立行业管理模型，以在展览期间与展览之后进行管控。同时，通过在展览会策划时补充与完善知识产权保护申报制度，严格执行《广州市展会知识产权保护办法》，可以及时应对和处理侵权行为。

目前，大多数由广州市政府领导的展览主要是由临时组织委员会及其附属临时组织举办的，而且政府在会展过程的职责与管理权限界定并不清晰。因此，政府必须逐步将展览管理的管理职能转移给会展业的行业协会、贸促会等中介机构，将提供服务和信息以及展览项目的运营移交给负责计划和组织的展览专业公司。政府全权负责协调、支持和监督展览的运作。

与武汉相比，广州市政府的宏观调控在展览业中扮演着重要的角色。政府应在会展经济发展中发挥政策支持和协助支持的幕后作用。但是，许多武汉会议公司都放弃了自己组织会议的想法，因为它们面临着艰难的筛选和批准流程、复杂的申请流程以及漫长的处理时间限制，所以许多会展业企业就会打消自主办展的念头。"外面的进不来，里面的不想办"是当今武汉会展业最真实的写照，因此政府一直采取保守观望的态度以及各种谨慎的政策主张。

（二）会展场馆分析

想要开展一场会展活动，首先必须有场馆设施，所有的活动都是在场馆内完成的，因此场馆是举办会展的基础保障，也是必备条件。当前武汉已经建立了多座会展中心，并举办了一些颇有影响力的展会，如表7-1、表7-2所示。

表7-1 武汉大型展览场馆中心汇总

场馆名称	场馆面积/平方米	容纳量/人
武汉科技会展中心	5 000	3 000
武汉国际博览中心	6 000	4 000

续 表

场馆名称	场馆面积/平方米	容纳量/人
武汉大学国际学术交流中心	4 200	2 100
武汉中国光谷科技会展中心	8 000	6 000
武汉洲际酒店国际会议中心	6 000	4 000
武汉会议中心	6 000	4 000
东湖国际会议中心	30 400	4 000

表7-2 展馆举办展会概述

场馆名称	展览面积/平方米	举办的展会活动
武汉科技会展中心	30 000	国际汽车展、中国国际物流展、金融展、光博会等
武汉国际博览中心	180 000	家博会、婚博会、烘焙展、动漫展等
武汉国际会展中心	50 000	食品展、茶业展、图书展等
武汉市凤翔岛会展中心	30 000	酒业展、文娱产业展、水科技展等

　　虽然武汉已建成了一些大型展馆，但与上海、广州等一线城市相比，无论是会展场馆的数量，还是会展场馆的面积，都存在一定的差距。参考表7-1和表7-2数据看，武汉系列展馆中，武汉国际博览中心为最具代表性的场馆，在全国展馆中排名第三位，也是中部地区最大的展馆之一。该展馆总面积达到了180 000平方米，相当于17个标准足球场一样大，可承接国内大型展览活动以及国际展览活动。在发展会展业的同时，武汉市政府提出了展会经济目标，即市场与政府协作、自办、引入，联合开展会展活动，还提出了"从产业中来，到产业中去"的发展理念，逐步完善了会展建设设施、相关产业等，形成了独具影响力的会展活动，并致力于打造中西部会展区域的佼佼者。2019年室内面积达10万平方米以上的专业场馆城市的分布面积与数量如表7-3和表7-4所示。

第七章 武汉与其他城市会展经济发展的比较分析

表 7-3 2019 年室内面积达 10 万平方米以上的专业场馆城市分布面积

序号	城市	场馆面积/万平方米	序号	城市	场馆面积/万平方米
1	上海	97.7	15	温州	19.4
2	深圳	60.5	16	临沂	17.66
3	广州	49.24	17	西安	17
4	昆明	38.98	18	南京	16.11
5	杭州	32.5	19	南昌	15.6
6	成都	30.76	20	沈阳	12.96
7	重庆	3.52	21	义乌	12.64
8	青岛	29.5	22	淄博	12.3
9	北京	28.96	23	中山	11.75
10	长春	22.79	24	无锡	11.25
11	苏州	22.3	25	珠海	10.62
12	武汉	22.04	26	天津	10.1
13	滨州	21.3	27	厦门	10
14	佛山	19.6			

表 7-4 2019 年室内面积达 10 万平方米以上的专业场馆城市分布（数量）

序号	城市	场馆数量/座	序号	城市	场馆数量/座
1	上海	9	15	重庆	3
2	北京	8	16	青岛	3
3	杭州	7	17	滨州	3
4	临沂	7	18	西安	3
5	苏州	6	19	南昌	3

续表

序号	城市	场馆数量/座	序号	城市	场馆数量/座
6	佛山	6	20	无锡	3
7	广州	5	21	深圳	2
8	昆明	5	22	沈阳	2
9	长春	5	23	珠海	2
10	中山	5	24	温州	1
11	武汉	4	25	义乌	1
12	南京	4	26	淄博	1
13	天津	4	27	厦门	1
14	成都	3			

（三）会展高校教育资源比较分析

就广州会展整体发展看，其会展教育规模远远无法满足会展产业的发展需求，院校与企业的培养会展人才的实力不足，很多相关课程体系设计缺少特色和成熟，相关理论机制还不够完善，严重影响了会展实践教学和理论教学，多数教材采取了传统的教材资料，能够运用的教学案例并不多，这与新时代的会展教育完全脱节。高校会展专业的课程安排存在一定的问题，在会展这个大领域下，不同类别的会展专业界限比较模糊，通识部分内容交叉，因此会出现较高的重复性，而细分专业知识跨度又比较大。部分高校在课程安排时脱离中国当前的经济实际，未能很好地将专业与当地会展产业特色结合，忽略了学生在会展实操时的创造性，未能考虑到学生积极性。从会展企业和行业的角度而言，他们一味追求经济效益，忽视社会效益，因此缺乏会展人才培养意识，更不用说在行业或企业内部形成有效的人才培养体系。从会展职业认证培训角度看，培训机制存在很大弊端，相关机构只注重学生市场，忽视了培训的专业性和实用性。

国内高等院校自2002年创办会展专业以来，至2018年，全国29个省（区、市)的57个城市累计有347所高等院校开设会展管理(本科)或会展策划专业(专科),同比2017年(7-5)增加了11所,增长3.27%。其中,本科院校123所,专科院校224所。从分布看,广州23所、上海22所、北京18所分列前三。另外,有14所大专院校设立会展研究院、研究中心或研究所。

表7-5 2017年全国各高等院校开设会展专业课程的汇总

排名	城市	展示艺术设计专业	婚庆服务与管理	服装陈列与展示设计	数字展示艺术	合计
1	成都	4	2	5	0	11
2	武汉	3	3	2	2	10
3	广州	3	2	3	1	9
4	郑州	2	1	2	2	7
5	上海	4	1	0	1	6
6	北京	3	1	0	1	5

会展人才是具备专业会展知识的从业人员,具有较强的组织策划能力、人际交流能力、现场把控能力和创新创造能力。会展人才逐渐出现"旋涡式"分层结构,"旋涡"中心是会展运作和策划管理人员,而外围是辅助人才。在会展经济发展的进程中,会展人才扮演着不可或缺的角色,高素质的会展人才在会展经济实现突破瓶颈从而快速发展的过程中起着十分重要的作用。会展高校应该提升人才培养意识。武汉是一座高校大城,本科以上学历的在校人数已逾百万,政府已经积极采取措施提升会展人才培养能力,如利用高校资源加大对会展人才的培养力度,大力扶持高校开办会展专业。已开设会展本科专业的院校有华中师范大学、湖北经济学院、湖北大学以及武汉长江工商学院。目前,会展相关专业在我国高等院校开设的情况如表7-6和表7-7所示。

表7-6 2017年全国大学本科会展专业开设情况

序号	城市	数量
1	成都	8
2	武汉	8

续　表

序号	城市	数量
3	广州	9
4	郑州	4
5	上海	8
6	北京	6

表7-7　2017年全国大学专科会展专业开设情况

序号	城市	数量
1	成都	7
2	武汉	14
3	广州	14
4	郑州	7
5	上海	14
6	北京	11

　　截至2017年，分布于全国28省（区、市）的44个城市累计有116所本科院校开设会展经济与管理专业，2017年新增8所。新增院校分别位于北京、河北、河南、山西、四川、浙江和广西。其中，广西新增2所。从分布看，广东以11所居首，四川以9所次之，上海、湖北各8所，并列第三。在全国44个城市中，广州9所居首，上海、武汉、成都各8所居次，北京6所第三。

　　表7-6和7-7显示出开设会展相关专业的高校在成都和武汉两座城市所占比例是最高的，成都第一，武汉第二，这也反映出这两地的政府对会展教育的重视程度相对较大。"会展经济与管理"和"会展艺术"两门专业课是会展人员需要掌握的课程，由教育部批准，纳入《普通高等学科本科专业目录》。武汉政府在相应国家政策方面做了很多工作，如大力推动高职高专院校开设会展相关专业，采用校企合作办学模式将理论与实践进行有机结合，为会展专业学生提供社会实践支持。此外，武汉政府还大力引进国外会展人才，助力会展行

业发展。从表7-6、表7-7看出,武汉相较于广州上海等一线城市的会展专业的开设的数量、开设专业以及普及程度等高校教育资源来看,与上海广州等一线城市的高校会展教育资源是旗鼓相当的。

(四)会展产业水平比较分析

近年来,会展业从引入我国已几十年,正在以快速的势头继续发展,其规模稳步扩大,场馆和配套设施也在不断修建和完善。国家层面已经提出我国的会展场馆和城市要向国际化靠拢,逐步形成国际影响力,该批示已经在《国务院关于进一步促进展览业改革发展的若干意见》中有所体现。根据商务部的统计,我国的会展业规模是居世界首位的。2017年有5 604个专业展览,展览面积16 424万平方米。展览面积在100 000平方米或以上的展览数量为3%,比上一年增加0.3%。目前,武汉会展业的总体发展水平与其在国内的经济定位是不相符合的。近年来,武汉的一贯发展理念是发展规划要科学,要把握经济发展大势,促进社会和谐,提供智慧参考。该理念走在市场发展与改革的前沿,为武汉经济的快速发展提供了有力指导。武汉的综合经济水平在不断提高,但这并不代表武汉市所有行业的水平都处于前列。其中,迫切需要提高武汉会展业的发展水平,因为与北京、上海和广州等主要城市相比,其差距仍然很大,尤其是在规模较大以上的展览数量差异较大,如表7-8所示。

表7-8 上海、广州、武汉会展设施建设信息汇总

城市	展览面积/平方米	展览面积全国占比/%	平均展览面积/万平方米	场馆数量/座	全国占比/%
上海	1 689	11.82	2.2	767	7.4
广州	976	6.83	1.47	662	6.39
武汉	299	2.09	0.96	313	3.02

截止2019年,武汉综合经济发展水平在全国范围排名第九。对比2017年武汉市GDP总量13 410.34亿元和上海30 133.86亿元,上海的经济总量超过武汉1.24倍;从展览面积看,2017年武汉总展览299万平方米,上海为1 689万平方米,上海的展览面积又超武汉将近5倍。这两组数据反映出武汉市会展业的发展以及经济发展水平是不相匹配的,而北上广三地不存在这样的情况。

综合各方面因素考虑，武汉会展业的发展规模受制约情况较严重，其中展览馆的规模和面积是比较大的影响因素。

  会展业的经营链遵循赞助商、展览者和参观者的思想。市场经济的发展减弱了政府组织的作用，而且越来越多的情况是政府只进行局部组织，这反而激发了市场经济主体的公司"组织者"，同时也是时代的发展趋势。武汉目前有成千上万的大型和小型展览公司，且数量还在增加中，但这些展览公司市场管理和专业化水平并不高，小规模展览公司的占比还是大多数，品牌化的展览公司数量亟待提高，同时需要提高的还有整体质量和组织水平。除此之外，国际会展业中相对发达的国家中，会展公司的分支机构基本上集中在北京、上海和广州等著名城市，这使武汉缺乏一群强大而庞大的专业团队。专业度高的会展公司是当地会展业发展的标杆和风向标，可引领其他会展的发展。2017年的数据显示，我国全球展览业协会（英文为UFI）权威认证的品牌展览共116个，比2016年增长16个百分点。但这些品牌展中，武汉只占了一个。举办品牌展览需要全面的专业会议，展览公司才能全面运营。这也说明武汉的品牌展览公司缺乏，大型专业会展公司也不多。从2015年我国会展公司独立上市以来，截至2017年我国独立上市会展公司共有29家，比2016年增长20.8%。

  上市的会展公司数量排在前面的仍然被北京、上海和深圳包揽。相比之下，武汉还有很大的差距。虽然与广州或杭州持平，但武汉在一定时期内也难以与之相提并论。杭州由于距离上海相对较近，因此更受上海会展的影响。展览业的发展相对容易，因为广州离深圳较近，广交会是强大的武器。然而，武汉是内陆深处，没有强大的会展城市为其支撑和领导。所以，其发展没有地理优势，只能自我艰难地维持。武汉会展公司的主力军是中小企业，没有整体规划意识，展览策划和服务能力远比不上北上广等地，垄断服务现象严重。比如，武汉规定参展商必须接受展览公司提供的广告和搭建公司，不允许其自行寻找，而且一切与会展相关的服务必须由组展公司或展览馆统一完成。这样的行为必定会导致价格偏离市场，而且没有竞争，服务也不会得到提升，从而影响整个武汉会展经济的发展。

  广州利用城市的综合体系，高度重视会展旅游经济的发展，以会展旅游为新动力，将旅游、商务、贸易、节日、会议等多种形式形成会展旅游市场，发展旅游业，促进了广州会展业的全面发展。广州的城市服务做得相当到位，不仅优化城市基础设施，还提高城市的软服务，制造业和服务业的比较优势，使得客户服务体验感强，使参展商们都愿意进行参照。广州还通过会展发展旅游资源，整合周边项目，如酒店、景区、旅行社等，通过其他优势实现行业对展会的促进和展会对行业的促进，发挥协会行业市场之间的相互促进作用，打造广州会展业、国际会展旅游品牌以及高端旅游奖。另外，广州也跟上了时代发展潮流，在互联网发展大势下抓住机会，积极探索"互联网+展览"的发展模式，通过大数据和网络技术不断升级和完善参展系统，邀约系统和票务管理系统。这样一来，广州便能邀约更精准的参展商和观众，提高数量和质量，为参展商匹配合适的潜在客户，提升展会的效果和口碑。另外，参展商还可以通过移动互联网和手机App了解展览馆设施、服务手册、参展商情况、观众展位展品、公共服务等，增强他们的参与体验，并记录参观路线和关注的问题以及意见和建议等数据，以便展后进行数据分析，建立展后服务系统，并更好地与参展商联系。通过互联网，在线和离线展览行业正在逐步实现有效整合。在线展览平台和实物展览项目的结合有效地扩大了展览的效益，创造了以市场为导向的标准化全天候在线展览。探索尝试贸易展览的新业态模式，新业态主要体现在数字商业链方面，其目的是促进贸易展览的数字化发展，如利用VR虚拟现实和3D打印等新技术设计站位和展览以及广告服务，使参展商能够享受到更全面更直观的产品展示服务；再如，无人机的使用。广州本身十分注重培育无人机产业，可以通过新型无人机为展会提供实时监控服务，提升展会管理水平，使参展商能够实时监控布展进程与布展情况并了解会展进程等，从而能够基于突发情况及时提出相关解决方案。

  武汉会展业存在以下问题：首先，有许多会展公司规模不大，经营能力较弱。只有少数会展公司可以进行大型会展活动，大型会议展览的组织者大多是政府，会议展览业的市场化进程非常缓慢。其次，管理系统存在缺陷。与北京、上海和广州相比，武汉国际展览会成立的时间较晚。最初成立时，会展办仅由几个人组成。他们中的大多数人忙于审查和批准，忽略了会展管理。例如，2013年国博总经理李勇说："武汉市为了协调在汉举办的糖酒会，开了八次会议，而成都举办糖酒会，一次协调即可解决。"这表明内部协调机制存在问题。最后，专业化程度有待提高。自2001年以来，武汉会展业的发展规模不断扩大，形成了"机博会""光学博览会"等有影响力的知名展览，但是迫切需要提高会展业的整体专业水平。

  会展企业处于展览行业的核心层，如展览营销计划、展览管理、投资促进与展览、数据采集和整合等。展览馆的建设涉及各种材料，属于展览的硬件设施。国民经济各个行业的配合没有具体的实体行为，属于应用层面，具有服务属性，因此会展行业的发展离不开上中下游各个产业链。武汉目前有四大展览场馆——武汉国际博览中心、武汉科技会展中心、武汉国际展览中心和武汉国际会展中心,却仍然满足不了越来越活跃和快速发展的展览需求。会展业不断发展,武汉依旧缺少大规模和大面积的展馆。除此之外,展览场馆中的现代化设备在武汉也是比较欠缺的。此外,旅游、酒店、运输以及物流都在会展业的发展中处于重要地位。武汉逐步迈入"高铁时代",在速度提升的同时,相关服务问题也会随之而来,从而影响会展业的发展,如旅游业。武汉的旅游景点尤其是具有鲜明地方色彩的景点不多,各个景点之间的协作和宣传都不够。武汉的主要景点有归元寺、宝通寺、黄鹤楼、东湖等,这些景点都只有简单的介绍,没有详细的旅游指南、标识和注意事项,景点管理分散,旅客的服务体验感一般,从一份中国旅游研究院进行的旅客满意度调查报告中可以证实这个结果,旅客对武汉的服务是"基本满意"。由此可见,武汉的旅游业还有较大的提升空间,包括景点的开发管理以及游客的服务。除了考虑旅游和休闲因素外,武汉会展业要发展,还必须加快解决交通的问题。比如,武汉国际会展中心是武汉最重要的展览馆之一,其地理位置处于商业黄金区,这在全国也排在前面。然而展馆附近的交通路线却规划不合理,经常出现拥堵情况,会导致人员和交通分散,使人们浪费很多时间。在大街上,运输业与展览业之间的矛盾加深,在大型展览会(食品展览会、贸易展览会、武汉贸易展览会等)举办期间,人流量和车流量巨大,无法进行有效疏导,拥堵浪费了与会人员参展的有效时间,降低了客户满意度,成为交通运输和会展业无法调和的矛盾。

武汉的五星级或以上的酒店已有14家之多,但由于需求少,加之酒店设施陈旧、服务一般,酒店的入住率才45.5%,降低了整体竞争优势。这对希望参加展览的公司来说是一个障碍,因为大多数展厅并不在市中心,不断降低的酒店的声誉和口碑,也是造成酒店入住率不高的一个原因。酒店的现状也影响了参展商数量。

武汉的广告公司规模普遍比较小,而且同质化严重,没有规模较大的特色广告公司,更缺乏创新力,武汉的广告发展水平还远不如一线城市的发展水平。而会展行业的发展与广告业的发展又密不可分,其实从本质上讲,展览品也属于广告类别,是实物性广告。会展中的广告尤其需要有创新,越奇特就越吸引观众注意,从而拉动会展的人气。而高级展览会尤其需要与众不同的广告,但当前武汉广告行业的发展水平无法满足高端展览会的需求,因此武汉广告业需要付出更多的努力。总而言之,会展业是朝阳产业,能带动多种行业的发展,如旅游、交通运输、城市建设、餐饮和住宿等。武汉的会展关联行业随会展的发展逐渐发展,但整体水平还远低于一线水平,需要更好的发展才能匹配高速发展的会展需求。

（五）国际竞争力比较分析

广州已经在常态下寻找新的突破，将目的地城市目标锁定在国际化和高端化，为会展业的发展开辟新的贡献之路；同时广州也在积极引进高端国际组织会展，紧密结合国家政策，加强与国际会展组织和"一带一路"沿线国家的合作，将更多高端和国际影响力的会展在广州举行，从而提升其会展业的国内外影响力。

2016年，广州主要会展场馆共举办7 114场展览，广州主要会展场馆接待了全市100人以上跨市会展1 852场次，同比增长21%。2017年财富全球论坛在广州举行，主题为"开放与创新：建立新经济格局"。中国和世界经济正处于变革的关键期，国内外参会嘉宾深入探讨了该时期下的关键问题，参会500强企业以及CEO数量突破历史之最，超过1 000家中外各界代表出席本届论坛。2018年世界航线发展大会和2019年国际港口大会等高端会议和展览的举办地都在广州，可见广州的会展能力和名气非同一般。广州依靠其区域优势成了举办会议和展览的著名城市，也为其带来不少的会展市场。广州展览会整体形象在不断提升，服务也越来越好，展览的价值也不断提高。广州的国际会展业务也有很大的增长空间，总体来说，广州会展行业呈现稳定发展态势，其国际水平也正在不断提高。

上海是中国的国际城市之一，也是国内会展的主要城市之一。随着进博会在上海的举办，上海的国际会展的知名度影响力进一步提升。从国家贸易和投资、家用电器、家用电器、服装、服装、日用消费品展区、汽车展区、智能和高端设备展区、食品和农产品展区、医疗设备以及医疗保健、护理展区、服务贸易展区等来自各国，在政府、国际组织、商业协会和企业之间建立，发展和形成多样化伙伴关系的人们将从服务贸易的增长中不断受益。

近年来，武汉会展的国际水平不断提高。2014年，武汉相继举办了大型国际会展，武汉会展业的国际水平不断提高。全年境外来汉客商约有215万人次，同比增长7.5%。从会展业的最新发展来看，政府主办的展览数量逐年下降，而市场经营的商业会展数量却在不断增加，这显示了武汉会展市场的快速增长。

二、与长沙、郑州等国内新一线城市的对比分析

（一）政府职能与市场运行之间的关系的比较分析

近年来，我国中部城市武汉、长沙、郑州等城市的会展产业发展迅速，其

国内外地位日益提升。但是，总体竞争力仍然很低，中西部和东部地区之间仍存在差距。显然，即使将武汉与杭州、宁波、昆明等城市相比，会展业的发展仍然相对缓慢，不仅影响了区域经济的长远发展，也有碍于国家中部崛起目标的实现。首先，政府和市场没有明确的职责和权限，市场化程度不高，政府没有完全根据本省工业发展和当前经济发展的特点与会展业的发展特点进行宏观调控并制定符合区域产发展的长远规划。其次，相关法律法规不完善可以通过政策指导，促进市场发展，动员社会各界的积极参与，推动高水平的国际和国内会议、展览、节日等会展项目落户中部地区城市，为中部地区城市创造良好的政策支持环境，加快展览活动向市场化运作模式的过渡，推动地区的会展业进入健康的发展轨道。

（二）会展场馆比较分析

长沙会展场馆的建设起步较晚，发展缓慢且相对落后。长沙是湖南省的省会，先进的展馆设施不足，在全国省会中处于落后地位。在规模和配套设施方面，长沙的专业会场规模较小，原因是其设施陈旧、综合的配套功能弱、发展空间不足、展览场馆供应不足，这些问题已经制约着长沙会展业的发展质量。由于缺乏大型的展览馆，长沙的展览产业链脱节，不利于大型展览项目的开发和引进。

目前，郑州拥有两个专门设施：国际会展中心和中原国际博览中心。其中，郑州国际会展中心名列全国前十名，并成功举办了30多场全国性与区域性的展览活动。之后，郑州国际会展中心移交给了香港会展中心托管，香港会展中心采用国际先进的管理模式，使其会展旅游朝着国际化、品牌化和集团化的方向发展，的确取得了良好的效果。后期公司还将其外包给其他公司，但由于疏于对其进行管理，其经营状况并不理想。由此可见，场馆的专业管理对于场地的运营非常重要。

（三）会展高校教育资源比较分析

会展业的发展对其从业人员提出了较高的要求。虽然城市可以通过引进外来人才和培训现有的在职人员来增强产业的实力，但是会展产业的人才仍存在巨大缺口。由此可以说明，充分利用城市的高校资源来培养会展专业人才才是应对会展产业发展趋势的必要方式。武汉高校众多，在人才培养方面优势明显。从前文可以看出，武汉比郑州长沙等新一线城市拥有更多相关的专业课程和大学专业。在会展的高校教育资源方面，与郑州、长沙等新一线城市相比，是具有一定的人才优势的。

(四) 会展业产业水平比较分析

近年来，长沙市会展业取得了初步成绩。办展主体实力增强，会展业国际化的意识增强，会展产业的结构得到了进一步的优化。由此，形成了以汽车、建筑机械和配件、房地产和建筑装饰、农业和食品、旅游商品、文化教育等为主要内容的系列展会，并扩大了以展览为核心的，向会议和节庆活动延伸的发展态势，如金鹰电视艺术节、长沙橙岛国际音乐节、浏阳国际烟花节等一批节日活动品牌。但是，与先进的发展水平和发达城市的发展速度相比，长沙会展业面临很多问题，主要表现在对会展业缺乏了解。会展业仍然是一个相对较新的产业。许多人不了解这种新兴经济体可以发挥的作用，因此许多人认为会展只是商品交易活动或广告活动以及会展业的广告效果，并没有认识到会展经济对当前城市经济建设的巨大推动力，政策层面尽管出台了不少支持政策，但效果都不明显。

根据《中国展览经济发展报告（2018）》显示，2018年郑州共举办会展239场，会展面积281.4万平方米，同比增长8.9%。其中，举办国际会展15个，面积3万平方米以上的会展23个，引进全国会展9个，新增会展8个，实现经济效益约340亿元。但是，这样的会展成绩，相对于"买全球、卖全球"和郑州建设国家中心城市的需要还有较大差距，其会展产业化程度较低，政府正加大政策力度提升办展的专业化水平，会展企业也应从多方面提升企业自身的办展水平。

武汉承办大规模会展活动的会展企业较少，会展产业与其他产业的综合功能配套方面存在一些问题，地方特色不够鲜明。政府应大力发展会展场馆的建设，如与会展业相关的酒店业、旅游业、餐饮业等产业，完善相关配套；会展企业在加强自身办展水平，促进本身会展业的综合竞争力的提升。

(五) 国际竞争力的比较分析

随着经济全球化和市场经济的不断发展，会展行业的发展不再是相对独立，它是通过很多新产品、新技术、新理念交融发展形成的，通过对生产要素进行配置和流动，进行有效配置与管理，以全面推进会展经济的发展。近些年，武汉与周围会展城市联系较多，形成了协同发展，形成了会展集团发展模式，且形成了许多有影响力的品牌会展，如农业博览会、机电产品交易会等。但仍需大大提高武汉等中心城市的会展专业知识水平。会展业发展应该突出品牌特色，一般展会随其重要性逐步上升的"金字塔式"向品牌展与一般展差距逐渐缩小的"橄榄球式"方向发展。只有这样，武汉、长沙、郑州等会展业才能摆脱畸形，在各产业与会展业之间的相互关联以及会展业的可持续发展能力的基础上，促进会展业全面健康发展，并不断增强会展业的产业竞争力和国际竞争力。

第八章　新时代武汉会展经济发展存在的问题及制约因素

近年来，随着武汉基础设施建设的不断完善，武汉市会展经济也随之发展了起来，其发展态势呈现出持续健康的特点。截至 2019 年底，武汉会展业的发展已取得了非常明显的效果，显著地带动了与会展业相关的武汉其他相关产业的发展。但梳理近年来武汉会展经济的发展过程，我们会发现武汉市会展经济的发展仍然存在一些比较明显的问题。武汉市会展经济要在"十四五"期间实现大跨越发展，与北京、上海等一线城市处于同一水平，就必须解决当前发展中存在的这些问题。因此，本章在深入客观分析武汉市会展经济发展现状的基础上，聚焦武汉市会展经济在发展过程中存在的问题与挑战，并明确制约武汉会展经济发展的因素。

一、武汉会展经济发展存在的问题与挑战

（一）武汉市会展经济发展仍处于较低水平，亟待提升

1. 展览会数量较少

近年来，经济全球化已进入新的发展阶段，一个城市的国际化程度和经济发展水平的提升已离不开会展业的发展，这是因为会展业能够给一个城市带来明显的经济效益和社会效益，也因此，会展业在一个城市国民经济发展中的作用日益显著。从统计数据中可以看出，经济发达的城市，其会展业也发展迅速，会展业发展规模与水平也远超过其他欠发达城市。近年来，武汉市会展业的发展呈现出方兴未艾的态势，但从武汉在全国的经济地位上来看，武汉市会展业水平仍明显不足。这一点从《中国会展经济发展报告（2018）》中就可以明显地看出来，如表 8-1 所示。表 8-1 是 2018 年举办了 50 个以上展览会的城市排名，从表中可以看出，武汉市在参与排名的国内 21 个主要城市中排在第 11 位，

不仅与北京、上海等国内一线城市差距明显,且与同为中部城市的郑州相比,也远远不及,全年举办展览会的数量不到郑州的一半。

表 8-1　2018 年举办 50 个以上展览城市汇总

序　号	城　市	数　量（场）
1	上海	741
2	北京	277
3	广州	277
4	郑州	175
5	青岛	165
6	深圳	146
7	南京	116
8	成都	107
9	大连	105
10	长春	100
11	武汉	83
12	西安	75
13	济南	69
14	重庆	68
15	沈阳	66
16	临沂	64
17	长沙	57
18	无锡	55
19	杭州	53
20	厦门	53
21	宁波	52

根据相关数据资料显示,一个城市会展业的发展水平与该地区的对外开放

程度和经济发展速度高度正相关。比如，北京、上海和广州等国际性大都市，其对外开放程度高，经济发展速度迅速，这些为其发展会展经济提供了条件，因此，其展览会的规模与数量处于全国一流水平。再比如青岛、深圳、成都等城市，其会展业的规模和影响也与其经济发展在全国的地位相一致。而近年来在中部六省省会城市中经济发展迅速的郑州，其会展业的发展也远非中部六省其他城市可比。从表8-1中可以看出，郑州市2018年全年举办的展览会数量排名全国第四，不仅远超武汉市，也超过了深圳市。从相关数据来看，武汉市近年来举办的展览会数量虽有大幅提升，但达到一定规模且有较大影响的专业展览会仍较少，武汉市近年来举办的展览会多以政府展或消费类展览为主。

根据相关统计资料，全国会展业总体发展情况并不均衡，其中武汉仍处于比较落后的水平，即使放大到湖北省乃至整个华中地区，其会展业的发展规模也处于全国下游水平。有数据表明，华中地区举办的展览会数量仅占全国的8%，远低于会展业发展水平较高的华东地区，只比会展业落后的西北地区稍高。

从以上分析可以看出，当前武汉市场会展业发展规模较小，水平较低，分析导致这一问题产生的制约因素可以发现，现有展会场馆的面积和规模不足以满足高水平展览会的要求，这是制约武汉会展业发展的一个关键影响因素。

2. 会展业专业化水平有待提高

在进入信息化社会以前，展览会等会展活动只是一种单纯的商业活动，但在当前已进入信息化时代的中国，会展活动已成为一种平台，这一平台在展示与交流新技术、新产品和新理念的基础上，可以使信息大范围传播，从而使商品和生产要素的流动更加顺畅，使新技术得以迅速推广，生产效率得以较大提高。最终促进会展举办城市或地区的经济迅速发展。从近年来与会展相关的数据可以看出，武汉市会展业的发展规模越来越大，影响力较大的知名展览会也越来越多，如制造方面的机博会、光博会、汽车展等，农业相关的农博会、食博会等以及房地产交易等大型专业展会，这些展览虽然使武汉市的会展业形成了一定的知名度，但武汉市会展业整体的专业化水平仍处于较低水平。

武汉市商务局的统计数据表明，武汉市行业展览会与全国其他主要城市行业展览会相比，专业化程度处于较低水平。根据相关统计资料，2018年，国内一线城市北京、上海和广州三地的展览会最为活跃，其中能源、汽车、建筑和食品等几大行业的展览会最多。从全国的行业展览会来看，举办展览会数量排名前十的行业分别为：食品与饮料行业、汽车及零配件行业、装备制造行业、能源及采掘行业、建筑及建材行业、多行业综合、纺织服装行业、医疗及保健行业、电子及电路行业、家具家居行业。从武汉市举办的展览会来看，2018年

第八章 新时代武汉会展经济发展存在的问题及制约因素

武汉市举办的83个展览会中,数量最多的是人才招聘会,专业化程度较高的各行业展览会数量较少,与全国整体情况相比,存在一定的差距。通过以上分析可知,武汉市会展经济发展的专业化程度较低,主要体现在人才招聘会过多,行业展览会较少。

3. 与人们精神文化方面相关的展览会发展水平不高

从传统意义上的会展内涵来看,会展仅仅是指会议与展览,但从近年来会展业的发展实践来看,会展还应包括与人们精神文化方面相关的展览会,如节庆会展。节庆会展是在一些节日里,在固定的地点安排一些节日庆祝活动,这些节庆活动一般会与当地的优势资源进行结合,从而起到宣传且获得经济收入的作用。节庆会展可以丰富人们的精神文化生活。国内外会展业发展的实践表明,一般会展业发达的城市,其节庆会展也比较丰富多彩,这不仅使当地的经济贸易得以繁荣与发展,使对外交流得以加强,也使人们的精神文化生活得以丰富。有鉴于节庆会展对当地发展的积极作用,近年来,国内会展业比较发达的城市也开始大力发展节庆会展,如西安、南京、成都、杭州、青岛、大连、南宁等城市,其每年都在当地特色节日举办大型的节庆会展活动,甚至某些节庆活动都已经成为城市的名片,并在城市发展中占主导位置,推动了地方经济的发展,促进了文化交流。这其中,最知名的节庆会展主要有中国上海国际艺术节、中国盱眙国际龙虾节、青岛国际啤酒节、中国呼和浩特昭君文化节、宁波国际服装节、中国曲阜国际孔子文化节、中国豆腐文化节(安徽淮南)、杭州西湖国际博览会、中国吴桥国际杂技节、南宁国际民歌艺术节等。这些全国知名的节庆会展在对当地经济和社会发展起到积极推动作用的同时,也对外宣传了当地文化,促进了交流与发展。

与以上这些城市的节庆会展相比,武汉市近年来虽然也开始发力于节庆会展,但由于会展基础比较薄弱,节庆会展的发展水平仍比较低。武汉是一个历史文化名城,历史文化资源丰富,但武汉市却未充分利用这一优势来开发节庆会展。

近年来,武汉主要举办了如下一些节庆会展活动。

(1)东湖樱花节。樱花节的举办地点在东湖磨山景区的樱花园,一般是在每年的3月底4月初举办。在举办期间,举办方安排了丰富赏樱活动。比如,评比摄影技巧的樱花摄影展、介绍樱花相关知识的樱花科普展、欣赏樱花美景的是踏青赏樱和夜间赏樱,除此之外还有舞蹈表演等。

(2)东湖梅花节。梅花节的举办地点是东湖磨山梅园,一般在每年的2—3月间举办,举办期间,游客除了可以观赏多达200个品种的梅花外,还可以体验各流派的梅花桩，与此同时，举办方还安排了梅艺表演以及梅花书画摄影展等。

（3）武汉国际旅游节。武汉国际旅游节举办地点位于武汉市区，举办时间一般在每年的10月，创办于2002年。在举办期间，举办方安排十几个国家的表演团体和艺术家进行各种形式的表演活动，这些表演活动体现了多国文化的融合，是一次旅游盛典聚会。期间有许多有趣的活动，如烟火表演、小吃庙会等。

（4）武汉渡江节。武汉渡江节举办地点位于武汉市区，举办时间一般在每年的6月，举办期间，四海嘉宾云集武汉，畅游长江，观光三镇，领略古楚文化，感受今日文明。举办方安排的活动有抢渡、漂流、嘉年华等。

（5）武汉国际赛马节。武汉国际赛马节举办地点是武汉市区，举办时间在每年的10月初，这一节庆活动将文化、体育和旅游融为一体，以传播马文化、振兴马产业、推广赛马运动为目的，使武汉市成了中国现代赛马之都。

（6）武汉马拉松。武汉马拉松又称汉马，是经世界田径（WA）认证，中国田径协会备案的世界田径银标赛事，主要由武汉汉马体育管理有限公司来运营，举办地点是武汉市区，举办时间在每年的4月左右，设有全程马拉松、半程马拉松、健康跑项目。全程马拉松冠军奖金最高可达45 000美元。

除以上节庆会展以外，武汉市还有其他一些节庆会展，在此就不一一赘述了。

从目前的情况来看，武汉节庆会展活动虽然开展得比较多，但其形式和内容上更多的是满足武汉市民精神文化生活方面的需求，并未实现节庆会展促进经济发展和对外文化交流的作用。特别是武汉的大部分节庆会展的知名度还未走出武汉市，未形成知名品牌，对外的影响和知名度都亟待提高。

从以上分析可以看出，一个城市的会展经济水平与当地的节庆会展活动举办水平高度相关，而武汉在节庆会展这方面仍存在较大的不足。因此，武汉市的会展经济要想在"十四五"期间达到北京、上海等地的水平，一要从会展硬件设施方面着手，夯实武汉市会展经济的发展基础，二要充分利用武汉市的历史文化资源，将其与节庆活动进行深度融合，进而充分发挥节庆会展活动在促进经济发展和对外交流方面的作用，最终促进武汉会展经济的跨越式发展。

4. 从事与会展业相关活动的企业实力较差

一个城市或地区的会展经济要取得较大发展，离不开从事与会展业相关活动的企业（简称会展企业）。在很大程度上，一个城市或地区的会展企业的发展水平影响着当地会展行业的竞争力水平。根据相关资料，武汉市目前从事与会展业相关活动的企业有上千家，从事展览运营的企业也超过100家，但从总体上来看，与会展经济较发达的城市相比，武汉市目前从事与会展业相关活动的企业仍有较大的差距，这些差距主要体现在公司的数量、规模、实力、市场运作能力以及专业水平等方面，特别是缺乏规模以上及品牌知名度比较高的企业。从现有会展企业的管理来看，其组织水平和管理质量仍处于较低水平。由于武汉市目前没有出现影响力大和品牌知名度较高、可以作为其他会展企业发展的参照标准的企业，因此，武汉会展企业的发展仍处于较低水平，这也使目前武汉会展业的竞争力不强。

（二）武汉市会展经济面临其他城市的激烈竞争

一个城市的经济硬实力和文化软实力与当地会展业的发展水平高度相关，会展经济发展推动相关产业繁荣和发展的作用日益显现，这使近年来中国各大城市纷纷将会展经济作为其国民经济的重要组成部分，都制定了雄心勃勃的会展经济发展计划，大力发展会展经济。梳理全国会展经济发展现状可以发现，目前，处于会展业发展排头兵地位的是北京、上海和广州，这些城市因为其已经形成的强大的经济与政治地位，已取得较明显的先发优势，武汉与这些城市相比，在会展业发展的规模和水平上有较大差距。而一些省会城市和副省级城市，如南京、沈阳、杭州、成都、大连、青岛、宁波、厦门等，都充分利用其优势，发展起各具特色的会展经济。

中部地区的会展经济发展虽然整体上落后于发达地区，但随着会展经济对城市发展作用的日渐显现，近年来，中部地区各大主要城市也开始积极发展会展经济，制定了长远发展规划，提出了雄心勃勃的目标，导致中部地区各主要城市之间会展经济的竞争也越来越激烈。武汉已成为国家中心城市，在全国具有较高的经济与政治地位，但因为中部地区会展业的激烈竞争，到目前为止，武汉会展经济的发展并没有处于领先地位。中部地区的其他城市，如郑州、长沙等的会展经济发展迅猛。郑州在首届"中国国际会展文化节"上被评为"中国会展业最佳会展城市"和"中国最具潜力的会展新锐城市"，且会展业在全国排名中进入前列。长沙市的会展经济虽然前期发展不好，但近年来发展速度越来越快，增长速度达到平均每年50%左右，先后荣获"中国新锐会展城市""中国会展业会展城市最具潜质奖"以及"中国十大节庆城市"等称号。太原和合肥虽然较以上城市落后，但近年来采取了将特色产业与会展业相结合的战略，充分利用当地的优势和特色，积极推进特色会展业的发展，也取得了长足的进步。

在相当长的一段时间内，资源是有限的，展览资源也不例外，因此，在一个特定的区域内，很难同时出现多个会展业发达的城市。从上述城市会展业的发展来看，武汉市要想成为中部地区的展览中心城市，面临着激烈的竞争，更不用说国家级的会展中心城市。

（三）会展管理机制不完善

进入 21 世纪后，武汉发展进入了新轨道，武汉会展经济发展进入了快速阶段，但因为长期处于"相对滞后"的状态，武汉虽然在会展业发展的基础设施方面加大投入，兴建了一批在国际国内处于领先水平的场馆，在会展业发展的软件上成立了会展行业协会，并制定了一系列与会展业相关的管理制度、条例和措施，但健全的武汉市会展管理机制仍未完全建立起来。不完善的会展管理机制导致武汉会展业的发展出现了许多不合理的现象，如市场经营不规范，违背管理的统一领导、统一指挥原则，低水平重复办展等。具体来说，武汉市会展管理机制存在如下问题：一是存在管理漏洞，展会的准入门槛过低，这导致一些不法企业和个人能够轻易地举办展会，但参展的商品质量堪忧；二是与展会相关的工作有待进一步加强，这些工作包括但不限于行业内部的协调、与展会相关信息的传播、对外宣传以及展会申办等；三是管理体制相比于与武汉处于同等地位的城市仍较为落后，这导致在武汉市举办展会的商务成本高于其他城市。

近年来，武汉市在会展业硬件设施方面的建设不断完善，硬件设施水平已赶上了会展一线城市，但由于会展管理机制的不完善，武汉市会展经济与一线城市相比仍存在较大差距，因此，武汉市会展业要想在"十四五"期间取得跨越式发展，就必须不断健全和完善软件设施。

（四）缺乏高素质的会展专业人才

任何事业的发展都离不开人才。当前，武汉市会展经济发展面临的严峻问题之一就是高素质会展专业人才的缺乏，这也是我国会展经济进一步发展急需解决的问题。相关数据资料显示，近年来，随着我国会展经济的不断发展，会展专业人才的需求与供给已处于失衡状态。在会展业发达的一线城市，如北京和广州，会展专业人才需求与供给的比例达 8∶1，上海已达到了 10∶1。数据表明，近年来武汉会展业的发展迅猛，导致武汉市需要大量的高素质的会展专业人才及高素质的从业人员。但由于武汉会展经济发展基础的薄弱，目前，武汉市会展业的从业人员普遍存在素质不高、能力不行等问题，且急需高层次的专业人才。比如，专门从事会展管理的会议策划人才、活动协调人才、处理对外关系的公共关系人才。根据武汉市商务局的初步估计,武汉市与会展相关的高素质人才每年存在1 000人以上的缺口。因此,武汉市会展业要想实现跨越式发展,就必须花大力气培育一批具有较高素质、较强业务能力的专业会展人才。

二、武汉会展经济发展的制约因素

(一)会展业发展行业定位不明晰

任何产业发展到高级阶段,都必然实施差异化战略,会展业也不例外。当前,随着会展业的发展,会展业的专业化趋势越来越明显,这让会展服务内容更加细致,选择的会展主题更加明确,同时对会展人才的要求越来越高,展会参与对象越来越专业。从国外会展行业的发展历程来看,在会展业发展的初期,展会主题更多地表现为综合化,观众为普通大众,随着会展业发展得越来越成熟,此时,展会主题更多地表现为专业化。在会展业发展方面,我国很晚才开始进行,因此,很长时间内,我国会展业发展呈现出来了综合化的特点,即举办的展会无所不包,这导致当时大多数展会没有鲜明的特色,也因此,当时举办的展会大多知名度不高,对利益相关方的吸引力不强,且展会规模一般都比较小。而发达国家会展经验表明,那些知名度高、影响力巨大的展会一般都是专业特色鲜明的展会,只有少数的展会是综合性的展会,参加展会的人员也更多的是专业人员,受限于展会的专业性,参加展会的观众更多的是一些专业人员,如科技及研发人员、从事贸易工作的人员和企事业单位中有决策权的人员。这些专业人员参加展会反过来对展会的组织者提出了更高的要求,即组织者必须组织高质量且专业化水平较高的展会。

全世界所有的以展览著名的城市,举办的展会基本上都是专业性展览会,这些展览会以市场化运作为主。比如,会展业比较发达的德国,有很多会展城市,但这些城市都自发地形成了明确的分工,不同城市发展会展业的重点也不相同,这样做的好处是各个会展城市都形成了具有当地特色且涉及不同行业的展览品牌,从而使德国的各个会展城市不会形成竞争关系,反而促进了德国会展业的发展,德国整体会展实力始终处于全球顶尖水平。比如,法兰克福以举办图书展览为主,汉诺威则因地制宜以办公自动化为主题举办工业展览会,科隆则以家电展览会为主,这些城市的展览会长期以特色与专业为主,展览会的知名度和美誉度都处于世界一流水平。从国内来看,也有一些会展业发展比较好的城市,其举办的展览会在全球也形成了一定的品牌知名度,其主要做法是充分挖掘当地的优势与特色，如地理位置、历史文化等；完善配套的基础设施建设，如交通建设、通信建设等；明确市场定位，展开专业会展活动，形成一条品牌化的发展线路，如可以学习长三角地区的做法，由于优越的地理位置，有些城市充分利用此优势，大力发展会展业，使当地会展业发展迅猛，浙江省义乌市就是如此。义乌市的条件本身就具有先天优势，但与周围城市相比其他优势并不突出，义乌市商业发展快速，自从改革开放以来，兴商建市战略促进了小商品市场的发展，还构建了小商品城，主导批发业务。以此为基础，义乌市举办了中国义乌国际小商品博览会（简称义博会），且不断深化义博会的专业性，构建特色展览会。经过长期的专业化经营，义博会的品牌已建立起来，并享誉全球，这使义乌的经济形成了会展经济与其他相关产业良性循环的良好局面。与此同时，虽然长三角地区的一些城市地理位置比义乌更优越，而且有悠久的历史文化传承和办展历史，但因为没有长期跟踪会展业发展趋势，会展业发展理念较为落后，因此，制定的会展业发展战略缺乏前瞻性。虽然这些城市年年都举办会展活动，却始终未能形成知名的会展品牌，专业性和规模也与义乌的会展业有较大的差距。

当前，根据全国各地会展行业发展情况来看，北京、上海和广州等城市的会展业发展处于全国第一梯队，主要是因为这三个城市具有得天独厚的地理位置、政治与经济优势，因此，这三个城市的会展业已具有国际性。除以上三个城市以外，近年来，西部一些城市的会展业发展也比较迅猛，如重庆、成都、西安等城市，现已形成品牌，成为享誉国内外的西部地区展览中心城市。中部地区近年来会展业的发展呈现方兴未艾的趋势，中部地区各省会城市面临着激烈的竞争，这主要是因为当前中部地区仍未出现会展业发展的中心城市或龙头城市，因此，武汉在会展业发展过程中既面临着机遇，也面临着挑战。武汉作为国家中心城市，国民经济发展取得了较大的成绩，但会展业的发展却不尽如人意，目前面积在5万平方米以上的展览会数量与会展业发达的城市相比仍较少，大部分展览会的展会面积在1万平方米以下，一些展览会的展会面积甚至在5 000平方米以下。在为数不多的大型展览会中，很大一部分都是政府组织开展的，如展销会，这些活动很多缺少竞争优势，专业水准相对较低，究其原因，是因为武汉仍缺乏会展业发展的清晰定位。

（二）关联性强的相关产业对会展业的支撑不足

会展业的发展离不开相关产业的支撑，一个城市的会展业发展应与其他相关支撑产业的发展相匹配，不能适应当地经济发展水平的会展业犹如无源之水，

第八章 新时代武汉会展经济发展存在的问题及制约因素

一旦会展业与当地其他相关产业的结构出现问题，就会产生各种矛盾。一个城市会展业的发展要有相匹配的会展场馆设施，除此之外，还需要为参会客人或商人提供住宿以及餐饮等服务，交通需求和通讯需求也是比较大的。因此，从广义上来看，旅游业、餐饮住宿业、广告业、交通运输业、通讯业等几十种服务行业都直接支撑着会展业的发展。与此同时，会展业需要有产品参展，因此，制造业发展水平的高低也直接关系着会展业的发展。这样，一个城市在对其会展业未来的发展进行规划时，除了会展业本身外，还需要对与会展业相关的产业进行同步规划，以使会展业与其他相关产业相匹配。但很显然，目前与武汉市会展业关联性强的其他相关产业的发展不足以支撑会展业的发展。具体来说，主要存在如下两个方面的问题：

第一，支撑会展业发展的服务业产业链仍不完善。一个大型的会展活动需要交通、安保、通讯、邮政、工商、住宿、餐饮、旅游、翻译等方面配套服务项目的支持，因此，发展会展业是一个复杂的系统工程，需要一个城市的各个部门的全力配合，形成一个科学高效的分工协作体系。虽然武汉市经过多年的会展实践，其公共服务和与会展业相关的配套行业发展已取得了一定的成绩，但要想支撑武汉市发展专业化、国际化会展业目标的实现，这些成绩还远远不够。从整体来看，武汉市的公共服务以及与会展业相关的配套行业仍不足以支撑武汉市会展业的发展，分工协作机制还存在很多可优化空间，行业之间的协同不足，沟通机制存在不足，如果不能从根本上解决这些问题势必会影响到会展的发展，更不要提武汉市会展业的大发展。因此，武汉会展业要想实现"十三五"规划目标，就必须大力发展与会展业相关的配套服务产业，特别是应积极出台政策，支持与会展业有后向关联效应的产业的发展，只有这样，才能支撑武汉市会展业的发展。反过来，如果武汉市会展业得到大发展，则又可以发挥会展业对相关产业的带动效应，从而使会展业成为武汉市国民经济发展的新的增长点。基于此，武汉市会展业发展应该积极依托旅游业、餐饮业以及交通业等基础行业，同时需要以广告设计、培训行业为依托，以大型会展业务为切入点，构建一条完善的、高效的会展服务产业链。

第二，武汉市会展旅游市场吸引力不足。这主要是因为武汉市尚未对会展旅游市场进行深度开发。从会展业发展的实践来看，会展业与旅游业高度关联，从广义上来看，会展活动也包括了会展旅游。但横向比较可以发现，武汉当前尚未形成有规模的会展旅游市场，会展旅游市场的深度开发急需落实，会展业与旅游业的结合程度亟待提高，这也造成了目前武汉会展业专业化程度不高的问题。

(三)武汉对优势产业的利用不足

会展业是现代服务业的重要组成部分，最初主要起到促进商品流通的作用，但随着会展业的不断发展，其功能由传统的商业展销扩展到信息交换与新技术扩散上。目前，会展业已不是单纯的以商品交换为主要形式的买卖活动，而成为为生产者服务、展示制造业最新发展趋势的新兴产业。会展业促进了经济发展，带动了其他产业的进步，这种辐射作用和拉动作用直接作用在第三产业上，也间接影响了第二产业和第一产业，尤其是对工业制造业的影响更是不言而喻。同时，第一产业和第二产业的发展对会展业的发展影响极大，通过依托优势产业和龙头企业，一个城市的会展业可以形成特色，从而提升其专业化水平和国际影响力。

目前，武汉会展业仍处于较低的发展水平，会展业的品牌影响力仍亟待提高，这与当前武汉市未充分利用优势产业有很大的关系。近年来，武汉市国民经济一直在高速发展，与此同时，产业结构也得以不断优化。在传统产业方面，汽车与钢铁等产业继续保持优势；在新兴产业方面，武汉市紧跟国际前沿科技，大力发展了光电子信息产业、能源产业、环保产业以及生物医药产业等，并且这些新兴产业已成为武汉市国民经济的重要组成部分，但武汉市并未充分利用这些优势产业发展会展经济。因此，武汉市在制定会展业未来的发展规划方面，应重点研究会展业如何充分利用新兴产业和优势产业，从而使武汉市会展业的功能不仅仅局限在商品交换方面，还拓展到为武汉市其他产业发展提供支撑方面。

(四)推动会展业发展的激励机制缺乏

就会展城市现状看，构建完善的激励机制可以推进会展业的发展，提升会展经济持续发展。随着改革的不断深化，我国产业的发展已基本上由政府主导的模式转变为市场推动的模式，会展业的发展模式也基本上转变为市场推动的模式，武汉市会展业的发展模式也是如此。2010年以前，武汉市政府是展览会的经营主体，但到2010年底，武汉市政府对会展产业进行了梳理，将政府从展览会的主要经营主体中剥离了出来，从而使武汉市会展业实现了政企分开、管理与承办分离。从2011年开始，除了政治性的展览会或公益性的展览会，武汉市政府不再负责展览会的具体事务性工作，而是将这些工作委托或授权给会展企业，承办企业根据市场需求来决定展览会的规模、效益等。从近些年的运行情况来看，虽然市场推动模式的实施使武汉市会展业的发展更具活力，但也因为市场经济存在盲目性以及自发性，导致经常出现市场失灵的现象，因此，武汉市会展业的发展也需要政府的适度参与，只有这样，才可保障会展经济稳定发展。

总而言之，武汉市会展产业发展应该构建完善的激励机制，科学控制交易成本，均衡个人收益与社会收益的关系，激励更多的商户参与到会展活动中，推动生产要素的流动，促进武汉市会展业的大发展。近些年，武汉也逐步出台了与会展业发展相关的激励制度。比如，自2011年起，武汉市每年拿出2 000万元的财政收入，将其投入到会展业中，促进会展业发展。但与其他会展业发达城市相比，激励措施还远远不够，除了财政投入外，武汉市政府还应出台相关支持政策，如税收优惠政策，更进一步，应简化管理流程，降低会展成本。

（五）武汉市对城市的历史文化利用与开发不够

随着会展业的不断发展，其规模与专业化水平会不断提升，对经济的刺激作用也会愈发明显，社会效应也会愈发显现。但与此同时，会展举办城市的功能、文化形象对会展业的影响也越来越重要。当今社会，人们除了关注经济效益以外，社会全面发展的关注度也越来越高，因此，文化的地位和作用也日益显现。一个城市要想吸引游客，就必须有独特的城市形象，而文化则可以代表一个城市的内涵与文化品位，能够让城市形成独特的形象，从众多城市中脱颖而出。国外及国内会展业发展良好的城市之所以有较强的品牌知名度与吸引力，是因为这些城市举办的展览会不仅专业化水平高、品牌吸引力强，而且举办城市的历史悠久，具有深厚的文化底蕴和独特的城市气息。因此，一个城市会展业的发展离不开对城市历史文化的开发与利用。

武汉具有悠久的历史，是一座历史文化名城，近些年来，武汉经济发展水平不断提升，现代化的都市气息处处显现，但与其他会展业发达的城市相比，其城市形象的美誉度仍处于较低水平。之所以会出现这种情况，是因为武汉市在发展过程中没有充分利用历史文化内涵，以彰显其鲜明的特色与个性。武汉历史悠久，形成了丰富的文化资源，但是潜在社会价值体系尚显不足，缺少对文化资源的开发与利用。近些年，武汉市城市建设逐步成熟，城市景观建设更突出了品位，但是与高品位城市标准还相差较大，如城市市容脏乱问题依然存在；码头文化浓厚，对外来游客的排斥心理强；城市文明定位还不明确；城市文化宣传力度不足；等等，这些都影响了武汉文化建设与精神文明建设，进而影响了文化产业的发展。没有形成完善的产业体系，缺少特色鲜明的展会项目，一定程度上影响了会展朝国际化、规范化和专业化方向发展。

第九章 新时代武汉会展经济发展路径优化

一、构建现代化的会展场馆体系

新时代随着 5G 技术、物联网、云计算、大数据、VR 等技术的发展与应用，不管中央管控系统设计，还是观众展馆参观路线的导引、现场展陈效果的提升，会展场馆建设都需要紧跟新时代技术发展的步伐，无论从参展的高效和便捷，还是互动体验角度，都需要现代化、数字化和智能化发展。因此，建立现代化的会展场馆体系有利于提升会展业的竞争力。

（一）构建专业化场馆基础设施

会展场馆是会展业的基础，而它可以通过专业化、技术化和商业化实现会展价值。虽然武汉已有一些大型展览馆，如武汉国际博览中心、东湖国际会议中心和正在建设的武汉国际会展商务新城，但功能的专业化、技术化和商业化运营程度方面还有很大的提升空间。因此，一要发展专业的展示与陈列创意，探索会展的专业化之路，加快特色文化创意与会展主题的融合，不断促进展览文化的发展。二要增强高新技术含量，引进智能化信息服务，增进观众高质量的体验，从而提升展会质量和效果的档次，增加展会和产业在行业的影响力。三要积极推动展示技术与多元媒体等融合发展，通过技术整合，建立流程化、信息化和"互联网+"控制系统，实施线上和线下展览，构建会展服务平台，从而有效提高用户的体验感。另外，要建设集会展、商流、物流为一体的产业聚集园区和大型国际会展产业综合体，涵盖展览中心、会议中心、商贸展示、物流保税、高端酒店群以及大型国际商务服务中心，强化产业融合、区域支撑和现代服务业创新，实现综合化和现代化的载体功能。

（二）建设 5G 技术，打造智慧场馆

5G 技术能够实现人和空间的融合，全方位链接建筑、人、财和物各相应

主体，形成无缝链接，显著增加了会展的展示效果和客户体验感，同时克服各种不可抗力因素造成的空间距离问题，保障会展活动顺利进行。武汉会展场馆应引入 5G 技术和对应基本设备，打造智慧场馆，提供智能化服务，通过技术驱动完成会展场馆的改造升级，促进产业优化，完善供应链配置，提高整体展会水准。

此外，在完善的硬件设备中增加技术含量，可以植入更多的"互联网 +"技术，让展馆更突出智能化，如自动售票服务、导航定位等，这些均可实现智能化发展，通过智慧技术的控制，提高展会的体验与服务水平，提高客户的满意度，如会展期间展馆内 WIFI 全覆盖，客商自由链接无线网络安全。客商用移动终端下载特定展会 APP，根据自身需求选择相应的语言界面，满足参会人员的多样化需求。设立精准定位功能，客户均可在 APP 上明确定位，输入企业参展序列号即可形成导航路线，并向客户推送最佳方案，避免人流拥挤路段，方便客户掌握会场交通情况，增加体验感。同时，APP 提供相应的信息查询和咨询及相关信息的推荐，全方面满足客户的会展相关需求，提升会展效果。

（三）投资展示技术，拓展展馆时空

除会展硬件基础智能技术投入外，会展现场展示效果也凸显了智能化，会场可以使用虚拟现实技术，创造出真实场景与虚幻场景，并给观众带来互动体验。当前常见的虚拟技术有互动投影、多媒体投影沙盘、全息影像，不同类型的技术其优势均不同，主要如下：第一类互动投影，可以对现场人群的动作进行捕捉，并与投影影像进行互动，从而实现人机协作的体验，这种技术适合使用在消费型或文化型展会活动中。第二类多媒体投影沙盘，就是使用物理沙盘与多媒体投影融合，创造非常真实的交互体验，这种陈列展示可以帮助消费者直观了解产品，该技术主要运用到房产、创意园、城建等展会活动中。第三类全息成像，主要是对产品拍摄，并实施三维建模，将物品立体化地展现在消费者面前，营造一种真实互动的场景，如游戏会展、珠宝首饰会展均可使用该技术。这些虚拟现实技术的应用，可以大幅度提高会展现场的展示效果，提高展示主体的全面性和逼真性。

二、促进国际化会展经济发展

武汉通过数十年的苦心经营，已经在国内奠定了会展名城的基础，甚至在国际会展中也具有一定声誉，特别是武汉将建设世界级国际会展商务新城，建成后，紧随上海国际会展中心、北京国际会展中心，跻身全国前三，是华中区

域第一大会展中心。武汉国际会展商务新城将建设新国际会展中心、空港国际体育中心等，而国际会展中心将作为未来承担国际、国家重要展会的主场馆，与武汉国际博览中心（片区级会展中心）及专业场馆共同构建武汉市"1+1+N"的会展体系。虽然武汉已具备国际化会展的基础，但在国际化会展发展方面仍需要规划好发展路径。

武汉市会展业发展目标就是实现国际化发展，而对于国际化会展鲜明表现主要有二：第一，多数参与会展的成员来自国际市场，从武汉近几年接待客户信息看，有很多国际参展成员，他们具有举办国际展会的经验，也具有参展国际展会的经验。第二，严格按照国际会展标准执行，更多城市举办会展的时候会考虑国际规则，制定策划了国际化的会展方案，让会展水平提升，吸引了国外参会人员。对此，武汉的国际化展馆以及一定的基础实力，并且相对充足的人才储备，客观上提高了整个会展业的现代化水平，提升了国际参展人员的比重，推动会展主办方积极走出去、引进来。武汉不仅招揽了很多好的项目落户，还引入了国际会展中心的办展模式与理念，积极参与国际各类知名展会，立足全球建设了网络销售中心。基于此，武汉还需在国际化道路上不断扩展，增加武汉会展国际化元素、内容和比例。

（一）增加武汉会展市场中国际展会的比例

围绕大会展的经营理念，武汉市会展业应该增加国际会展的比例。从宏观上看，会展不仅仅是综合展览，也属于特殊会议活动，随着武汉经济和文化的发展，武汉地位逐步提升，更被世界所认知，因此武汉市应该积极参与国际会展活动，引入更多品牌会展商，强化会展理念，立足全局发展，协同其他国际会展联盟，强化深入合作与联系，按照国际会展标准和原则组织相关会展活动，积极争取更多国际型会展活动来武汉举办，积累国际会展举办经验，逐步提高武汉国际知名度。知名度提升了，武汉会展行业就会实现专业化发展，并进入国际会展的队伍之中。

（二）扩展国际化渠道

武汉会展要吸引国际买家和国际展商，拓展营销渠道势在必行，建议可在海外设立办事处，从而更容易了解海外客户的个性化需求，更具有针对性地满足海外客户需求；在海外招展、刊登相关广告或召开新闻发布会，有利于打造武汉会展的国际形象，加大对参展企业的国际宣传与推广力度；积极拓展"一带一路"会展需求，鼓励品牌展览"走出去"赴境外参展、办展。实际上，我国推行"一带一路"倡议，就是为周围国家提供发展机会，构建新的国际市场，当前本倡议已经获得了 70 多个国家的支持和呼应,形成了多边合作和双边合作的格局,这为武汉会展发展提供了机遇与保障。在"一带一路"倡议下,我国占周边国家经济贸易更加频繁,进而促进了人文、政治、文化的交流,成为武汉市会展业经济新的增长点,在该倡议支持下,更多的外来资源被引入武汉市,同时,先进的办展理念和基础设施也随之带入。

(三)积极参加国际性、区域性展览联盟组织

武汉会展要加强与国际组织间的沟通交流和相关合作,积极参加国际知名会展机构及其组织的活动,掌握国际会展业发展的前沿动态,如世界较为著名的会展有慕尼黑国际工程机械、建筑机械、矿山机械、工程车辆及设备博览会,汉诺威工业博览会和汉诺威国际农业机械展览会。此外,国内如中国(广州)国际建筑装饰博览会、上海国际汽车工业展览会和上海国际汽车零配件、维修检测诊断设备及服务用品展览会。武汉会展应学习国内外展会的管理、组织、服务经验,提升国际化水平。

(四)开拓市场扩展规模,深化区域合作

发展区域合作是拓展市场、建立市场知名度和增加国际化实力的一种途径。该途径需要政府的政策引导与支持,从宏观上对整个会展行业进行规范和指导。首先,政府政策一定要体现出预测性以及科学性,要对会展业发展的各种因素以及成本进行科学合理的预测。其次,政府要打破保护主义,加强同不同城市之间的交流与沟通,保持开放学习的态度,实现行业资源的共享,在政策的制定上也要加强合作,制定出有利于各区域发展的政策,满足各方的需求,要以区域内整体效益为政策制定的出发点。

武汉会展要与国内会展业发达城市结成联盟,实现互动和共赢,如与北京、南京、长沙、厦门等城市合作,制定科学有效的联动机制。同时与国内著名会议展览组织接轨,通过巡展、合作、新展引进等方式,做到项目共享、资源共享、客户共享、信息共享和人才共享。重视区域联动,加强资源共享,在基于区域特色的基础上建立合作模式,梳理相关城市的行业,建立相同或相近的行业企业数据库,在有利查询的基础上进行分析;与各地相关行业的企业和协会建立沟通机制,以不同地区的区域特色产业为基础和纽带,定期在各地举办展览会。

武汉会展要以武汉高新区重点产业、名优产品展示交易会为基础,以打造成为国内著名展会名城为目标,利用武汉的区位优势,与其他城市会展场馆本着资源共享、优势互补、协同发展、聚集共生的原则,建立长期稳定、互利互信的合作关系,共同打造区域会展中心。

三、协同关联产业发展

（一）促进会展业与相关产业关联发展

武汉市会展业与第二产业、第三产业的发展密不可分，因此可采用主题关联，根据武汉优势产业发展定位进行会展活动策划，围绕武汉市特色产业发展方向展开会展活动，促进主题产业的发展，带动城市特色优势产业，扩大电子信息产品和芯片制造业、机械产业、汽车产业、生物医药等产业在总体经济中的比重，使产业结构顺着劳动密集型产业、资本密集型产业、知识密集型产业分别占优势地位的方向演进。同时，对城市旅游、交通、物流、零售、酒店和餐饮等行业提出新的投入需求。武汉市会展业的发展带动第二产业、第三产业的快速发展，有利于产业结构向第二产业和第三产业聚集，促进武汉产业结构升级。另外，会展业作为现代服务业，完善的会展场馆、酒店等设施以及高效的金融、物流等均为会展业发展必要条件。借助武汉优势产业的高速发展，武汉市会展业更有利于占据会展经济新起点，从而实现持续性高质量发展。因此，第二产业、第三产业和优势产业的关联发展，可促进城市产业结构优化升级，也可促进会展业的高质量发展。

（二）充分发挥会展业的产业关联效应

武汉重视会展业发展规模和速度。近年来，机博会、光博会、食博会、农机展、高教展、国际车展、中国国际友城大会等知名展会都在武汉举办，既发展了城市经济，也使武汉的知名度获得提升。武汉市会展业的发展需与本地的优势产业、特色产业联动发展，打造知名会展活动，扩大会展活动的影响力和知名度，推动专业化、国家级、国际化重大会展活动的招引与创办，带动会展活动主题产业的发展，促进城市产业结构升级。一方面要继续加强武汉会展业与自身优势产业的联动发展，会展业积极围绕电子信息、芯片、汽车、新能源、生物医药、现代物流等优势产业，重点举办优势产业为主题的会展活动，从而促进会展活动的专业品牌化与国际化，而品牌会展的产业关联效应又可促进优势产业升级与国际化。另一方面，提高国际会展项目通关便利性和效率，为举办国际会展活动奠定基础，借助长江经济带建设和"一带一路"，增强引入国际性会展项目，通过加强国际会展组织的联系，如国际大会及会议协会、全球展览业协会等，从而招揽各种国际性会展活动，争取国外品牌会展项目移植到武汉。

（三）利用现代信息技术，把握会展业与相关产业关联水平

当前会展业大数据主要有门禁系统、射频识别技术、近场通信技术等，主

要应用于会展活动的现场管理方面,如统计参观人数、捕捉客商的参观行为等,通过分析人们的关注行为,获取观众的偏好特征,从而实现会展活动的精准运营,提高会展效果。会展业大数据除了上述方面的作用外,还有很多地方值得挖掘,如掌握会展产业链条的各个环节对区域经济贡献情况,政府单位可引入会展活动数据来证明会展活动对区域经济发展的贡献程度,并结合会展活动效果给予其相应的资源配置,引导高效合理的会展政策制定与实施,此外,利用数据规划行业、编制行业发展报告以及制定行业发展对策,让会展业与城市产业互促共进。

(四)促进会展业与旅游产业的跨界融合发展

会展业与旅游业产业相互关联,"会展与旅游"融合是会展业与旅游业的有机结合。随着两个产业间相互转换与融合,两个产业的界限也不太明晰,逐渐发展成为新兴产业,促进当地经济发展。首先,会展业的发展较大程度依赖于所在城市的硬件设施,如与会展活动相关的支持设施,像交通、酒店、娱乐和饭店等,而这些设施又是旅游业发展的基本元素。其次,会展场所和设施既可以作为旅游胜地,又可以是旅游的新景点,从而促进旅游业发展。而展览活动期间,不仅人流量大,而且很多商品和货币也常常聚集,创造的潜在游客容量巨大,这将显著促进主办城市旅游业的发展。另外,通过开展大量的会议活动,吸引四面八方的大量人员参与,优质的旅游服务帮助提高客商对会展的印象,这将有利于会展建立品牌和健康发展。于是,会展行业与旅游行业跨界融合发展过程,不仅可以引领旅游业发展,而且可以提高会展品牌,为当地市场经济发展提供了更广阔的空间,同时为促进当地经济发展提供更大动力。

目前,武汉的会展活动与旅游业的关联发展具有较大空间,在政策引导和会展活动安排上还需重视,更好地促进武汉市会展业和旅游业的进一步关联发展。例如,抓住国际会展活动中人流停留时间长、消费质量高等特点,既可以在国际会议、国际展览、国际赛事等活动的申办过程中结合武汉市旅游业的宣传,充分利用武汉市知名景区的吸引力提高会展活动申办成功的概率,也可以在会展活动中通过网站等各种新媒介方式推荐武汉的文化旅游魅力,提供多样的旅游套餐,促进武汉市旅游业的发展。此外,利用武汉市现有文化旅游资源,积极创办具有地方特色的展会和节事活动,形成会展业与旅游业良性互动发展模式。

四、促进绿色会展经济发展

绿色会展,指从整个会展产业链上各个活动倡导低碳,将展开会展活动带来的消极影响降到最小。绿色会展不仅可以做到资源循环利用与生态环境保护，而且通过示范作用可以促进其他相关产业结构的转变。在新时代背景下，发展绿色会展是顺应社会发展潮流和人类生存的内在要求。

（一）构建绿色会展评审体系参考标准

政府部门制定绿色会展评审体系参考标准，才能从根本上促进绿色会展的发展壮大，可从社会效益、管理、资源和环境保护等方面制定绿色评价体系，使绿色会展建设有章可循、有法可依，为适应绿色经济在新时代下发展的要求，有必要相继实现优先事项的发展政策及检讨制度。有了绿色会展标准，有关组织推行绿色会展活动才能有法可依，发现问题才能及时纠正。

另外，政府部门应推进第三方认证绿色会展工作。为了避免管理部门与会展项目主办方之间推诿，政府部门应推动第三方绿色会展认证工作，从而保障公平、公正的查证绿色会展。第三方认证工作标准要详细，要能够很好地度量会展项目是否符合绿色会展标准以及绿色程度。

（二）全面加强生态展馆设施建设

1. 积极运用生态化技术

生态化技术，指资源可持续的利用，以形成"三无"的技术。会展场馆是会展产业发展中各信息、技术以及资金交换的平台。因此，首先，要加强会展场馆的绿色生态化建设。要按照系统论和大局观，从整体视角对场馆进行科学的规划和设计。要全面考虑会展场馆建设的必要性及可行性，确保会展场馆的实际价值，即是否真的需要该场馆以及该场馆的建设是否能够真正满足当地经济发展的需要等；还要充分考虑到会展场馆的再利用和多功能性，使场馆能为多种类型的活动所用，提高场馆的利用率；其次，在建设会展场馆时，要考虑场馆建设与生态环境相协调，充分利用周边的各种资源，在建设过程中尽量保持原有景物的完整性。重视场馆周边的绿化环境，通过景观与建筑的和谐统一给人以愉悦之感，营造良好的氛围。同时在对场馆进行建设时，还可以采用一些先进的建筑节能新技术或是能耗较低的材料；最后，在会展场馆的运营上，积极运用资源回收利用技术、节能减排技术等，采取循环使用手段，实现场馆运营的生态化。

2. 构建绿色会展制度保障体系

绿色会展强调以低碳、节能、绿色和环保的理念发展会展经济，强调发展会展产业的长远效益，实现会展经济的可持续性和会展产业的生态化，在绿色会展评审标准体系下明确相应奖惩措施,并将积极有效的措施作为法律成果固定,同时建立会展产业生态化的制度保障体系。

(三)政府调控

一是树立绿色生态保护意识,通过社会媒体大力宣传,引导参与会展活动的各方人员形成绿色会展意识。二是优化相关产业资源,如整合会展相关产业酒店、交通、餐饮及通信等,形成统一的有机整体,从而优化整个会展产业链及相关产业链的资源配置。三是实施奖罚机制,要从会展业的源头,如原材料的使用、展台的设计等角度构建绿色生态测评指标,从而减少展后活动对生态环境环境影响,推动会展产业链的绿色化发展。另外,扶持符合绿色会展的优秀项目,并树立标杆,在融资、税务等方面予以扶持,同时对与绿色会展相关的技术、绿色材料研发与能源循环利用给予政策支持。

五、推动移动互联下会展经济发展

(一)通过"互联网+"再造传统会展业

新时代,"互联网+"和数字化转型成为各行各业转型升级的主要途径,会展行业应该跟上时代步伐,采用高新技术提高数字化程度。不论是会展行业,还是其他行业都在实施"互联网+"的发展模式,会展行业运用信息技术逐步转化为数字会展,从用户注册、签到到互动等都可以在网上平台完成。比如,电子签到技术非常成熟,为会展信息收集提供了便捷。在二维码盛行的时代,服务流程、应用流程非常简单,直接通过二维码链接确认认证即可,工作人员对全场信息掌握仅需要扫码完成。还有一些高端化的会展,可以将参与者身份ID与RFID卡捆绑,其功能与门禁卡很相似,通过人脸识别就可以进入会场,这样操作避免了闲杂人员进入会场,同时让客户体会到了贵宾服务。如今更多的展会活动都借助了互联网技术设计了电子签到,这样操作方便又安全。设立微信墙、识别二维码等,可以简化服务流程,创新O2O展会商业模式。在互联网帮助下,会展管理更加高效、便捷。

此外,微信在会展行业的应用也是常见的,每个用户对应一个微信账号,可以汇总到微信公众平台中,通过"扫一扫"功能快速完成注册登记,参展人员之间也可以互相交换名片,了解客户的需求,并进行精准销售和服务,会展结束后,还可以继续在平台上推送相关信息,诚邀他们参与下次会展活动,主办方可以收集客户对此次会展活动的评价、意见,从而为下一次更好地举办会展活动提供依据。用户往往都是多次参展，可以根据统计数据对客户实施分类分级管理，给予有效的客户关系维护，实施会员营销管理，定期、定时地推送相关信息，为其提供个性化服务。

VR 虚拟现实技术是当前的热门技术之一，它对会展活动也有大大的推动作用，运用计算机生成虚拟场景，实现多维互动，这可以大大节省布置费用。运用这些技术能够让客户真实感受各种体验，实现人机交互，当前常见的应用模式主要有四类：第一，会展与 VR 技术融合为产品展示提供平台；第二，会展与 VR 技术融合为产品细节提供展示；第三，会展与 VR 技术融合为工厂提供展示；第四，会展与 VR 技术融合搭建虚拟展会现场。这些虚拟现实技术，可以让参会人员体会完美多变的虚拟场景，也可体会现实场景，实现线上与线下的融合，让参会人员不再奔波于各个会场，可以直接在线上轻松完成。

"互联网 +" 的出现让会展行业大幅度转型，数据逐渐成为该行业的主要核心，通过收集数据和对大数据的分析，可以清晰地明确参展商和参观者的偏好，并为下一次会展活动奠定基础；通过对本次会展活动的数据分析，可以对会展用户的行为有全面了解，如客户的综合评价与反应；客户的直接感受；会展活动的不足，等等。传统会展活动很多信息的收集都是以人工方式完成的，完成信息收集之后简单的汇总分析，这些分析结果毫无指导意义，存在主观性。在筹备会展活动、开展会展活动中都会使用到大量的设备、设施，展会结束之后就会被拆除，产生的浪费是比较大的。随着 AR／VR 技术的成熟发展，很多展台完成建设后，可以使用 VR 技术设立三维场景，通过互联网技术百分百还原展区信息，即便展会结束了，观众们依然可以通过网站浏览展会情况。

运用互联网技术还可以优化展会场景，了解客户浏览的信息，进而分析刻画客户的行为，根据需求判断精准地向他们推送相关信息及产品，这样可以促进成交率。上述内容都是在大数据技术、智慧云技术、区块链技术等推动下实现的，这样将线上展览和线下展览融合，形成了一个综合服务场景。

（二）通过智慧会展服务推动行业创新

智慧会展是基于"互联网 +"技术实现的，通过运用信息技术手段，对会展信息及数据进行收集分析，并统计、整合了有效信息。智慧会展对会展项目进行立项处理，借助新媒体、移动网络等平台展开个性化营销，通过信息技术延伸到上下游产业链上，对各种资源进行配置协调，满足会展活动顺利开展。

从本质上看，智慧会展是数据驱动为主的会展，通过开放平台构建，让供给方与需求方互动交流，运用各种资源，节约成本，完善会展服务。智慧会展会通过一个信息平台发布信息，提升了各类资源的综合利用，减少了资源浪费，压缩了各种成本，完善了会展服务流程与模式。智慧会展是依托网络信息技术创建的信息共享平台与服务平台，可以帮助用户高效地完成信息交流、信息分享，推进会展的智能化，为参展客户提供良好的智能服务体验，通过智能管理了解客户的行为偏好，让买方和卖方能够同步进行沟通，保障了会展交易的顺利进行。

从构架上看，智慧会展体系基本分为三个部分：智慧会展设施、智慧会展管理以及智慧信息利用。智慧会展通过模式创新，改变了以往主办方被动寻找参会成员的尴尬，通过分析客户的需求，精准投放客户偏好的产品，运用各种技术，让观众全方面了解展会的内容与特色。

会展组织、管理是一项复杂的工作，尤其是对于一些国际性、大规模的会展活动而言，有些时候举办一场会展需要投入近万人服务，筹备周期长达1年甚至是3年之久。主办方通过信息平台可以实现快速组织，协同各种工作，观众能够及时获取会场流程，提高了会展的组织、管理效率，也提高了客户的参与感与体验感。电子商务服务则是现代化商务服务的内容之一，智慧会展服务可以借助这一模式，为客户提供一系列的个性化服务，如票务预订服务，客户不需要在现场排队购买入场券，直接通过手机就可以完成预订，从而可以给消费者解决了很多麻烦与困扰，为客户营造一站式服务与体验。

（三）"互联网+"会展实现商业模式创新

依托"互联网+"技术，会展活动可以实现信息共享、精准配置供需、提高参会人员的良好体验，还可以推进会展模式创新发展。借助互联网技术，线上会展与线下会展融合延伸，促进会展电子商务的发展，构建特色的应用平台和移动服务平台。具体分析如下。

1. 稳定传统会展，从线下转移到线上

传统会展也称为实体店会展、线下会展。传统会展比较注重线下活动，强调现场效果，举办一场传统会展需要花费更大的投入，主要投入集中在展馆设计、布置宣传等方面，为了创造更好的现场效果，往往会忽略客户价值的挖潜，很多场外客户的需求无法满足，这样的模式没有将线上服务与线下服务融合，一些有效数据被白白浪费和流失，数据利用率非常低。与之对应的是线上会展，它不只是把线下会展内容全套搬到网上进行简单的"化妆美颜"，而且对线下会展内容进行延伸、拓展，甚至"创新"，需要强调的是线上会展商业模式与线下会展存在显著的差异。另外，技术融汇应用对线上会展至关重要，如网速可以保障线上会展体验感，同时让新技术延伸到各种场景应用之中。

其实，从根本上看，不论采取哪一类模式，客户们所关注的展会只有一个，只不过是参展方式做了调整与改变，随着互联科技的发展，观众互动、体验已经成为重要因素，平台想要创造价值，实现价值交换，则必须创新展会模式。运用信息技术，能够让传统会展转型至智慧会展，从网站建设、社交媒体入手，开辟一条时空互动的通道，或者构建网上虚拟场馆，客户只需携带手机或电脑就可以进入现场，营造了一种现场氛围。室内完善定位系统，可以让参会人员知道当前在什么位置，如何到达目的场馆等。借助大数据技术收集并分析客户的信息，可以了解客户的行为与心理，从而为举办下一次展会提供借鉴。运用互联网技术可以实现从传统会展向线上会展转型，让线上与线下融合共生。

2. 线上线下融合，会展 OMO 新模式

OMO 指现实世界和虚拟世界无边界，线上和线下完美融合，形成闭环的流量循环体系。会展行业 O2O 模式，就是将线上会展与线下会展活动融合，从而为场内外观众提供不同的服务与体验，要求会展主办方不能只是关注场内的观众，也需要关注场外的观众。虽然当前微信、微博、QQ 等社交平台已经非常成熟，但是我们人与人之间依然需要面对面沟通，通过直播会展服务可以为客户提供面对面沟通的机会，能够及时回答客户的问题，给客户展示产品全貌，这样能够促进交易发展。只要实体产品能够满足客户眼见为实的需求，线下沟通和交流之后，基本能够促成交易。为此，想要深入发展武汉会展，让其顺利转型升级，必须开发线上线下高度融合的"O2O 会展"模式，所谓线上会展看流量，线下会展看场景，在保障最佳参展人数的同时，还应该关注参展者的需求，结合大数据技术、移动网络技术构建一个线上线下的互动平台，将观众逐步引入到同一平台中，提高参展者的关注度与互动频率，并挖潜数据为主办方和展商下一次开展提供依据和基础。

3. 构建以客户体验为中心的智慧会展

展品服务和展示内容是会展活动的主要任务，智慧时代的到来使网络信息技术和新媒体技术在会展产业得到普遍应用，使人们的生活方式和行为习惯不断改变，同时颠覆了人们对会展业态的传统看法。商品与服务的信息化和数字化加速了会展活动中展品呈现的无形化趋势。这导致参展商更注重商品的服务理念、服务模式和核心技术等具有创意的抽象虚拟展示。而近年来动态网页技术的发展使展示给终端界面的信息变得丰富多彩。从用户体验视角看，传统会展展台方式和内容已成为俗套。新媒体和移动互联网技术的发展让会展主办方和参展方均将会展服务的客户体验及直接参与性放在核心位置。在技术跨界融合背景下，观众越来越多地掌握了会展的话语权，商品服务的呈现内容与形式

由观众决定。而智慧时代的企业将更多精力用于分析客户体验生命周期，以客户体验为中心的参展服务理念不仅孕育出会展业发展的新模式，也是智慧会展发展的全新思路。

4. 创新展会盈利点

主办方应注重常规线上会展的运营模式创新，延伸产业链和增加附加值；以提升流量为主要措施，分层级进行会员管理，将免费平台服务和有偿会员服务相结合；加强线上运营平台和其他行业的跨界融合，捆绑服务和销售。同时，主办方还要注重实体展会模式的革新，将固定展会和移动展会相结合，可把展会地点移植在业内成熟的大型综合体内举行，实现互促互惠；在培育成熟的品牌展会后，可逐步以品牌文化为驱动力，自主研发业内拳头产品和特色商品。

第十章　新时代武汉会展经济发展支持政策分析

一、国家支持会展经济发展政策分析

国家相关部委应采取措施帮助武汉会展业发展，如商务部出台支持中国（湖北）自由贸易试验区加快发展的若干措施，包括利用双边经贸合作机制和中国国际进口博览会、中国—北欧经贸合作论坛等展会、论坛平台。

党的十八大以来，习近平提出了政府与市场关系处理方法，要遵循辩证法、两点论的思想，对二者关系作出精准的判断。同时印发实施的《中共中央关于全面深化改革若干重大问题的决定》也对经济体制改革有明确要求，经济体制改革是市场深化改革的重要内容之一，而要想做好经济体制改革首先需要处理市场与政府的关系，要发挥市场的主导作用和决定作用，政府做好宏观层面的把控。只有让会展经济充分参与到竞争活动中，才可以实现会展经济的转型发展，才能保障会展经济快速融入新经济常态之中。从宏观发展看，我国正处于社会主义初级阶段，市场经济发展也处于初级阶段，会展经济要想深入转型，则必须坚持政府领导，市场主导，走出一条独具中国特色的会展之路。具体分析如下。

第一，转变政府职能。会展活动应该明确市场职能与政府职能，政府只需做好管理职能和服务职能即可，本身会展行业具有地方特征，需要借助场所及配套设施完成会展活动。在会展经济发展之中政府扮演了重要的角色。以前，我国长期发展的经济体制是计划经济体制，而会展活动也是在这样的背景下产生发展的，虽然实施了社会主义市场经济的变革，但是政府主导的问题依然没有从根本上改变，在未来会展行业的发展中，政府应该强化完善配套设施，强化政府服务功能，为会展活动提供良好的平台和环境，要放权给市场，压缩烦琐的审批流程，强化政府审批机构之间的沟通，减少多次跑腿的问题，稳步推进会展行业的发展。

第二，推进市场化进程。会展活动应投入市场竞争之中，由市场去处理和解决其发展中出现的问题我们应加快市场化进程，从而为会展经济发展创造、提供统一开放的环境，如"2008年北京奥运会""2010年上海世博会"在举办这些大型活动时，市场就逐步进入主角，政府逐步压缩审批流程和环节，从而为会展经济顺利发展提供绿色通道。这推动了会展行业的快速发展，会展活动也逐步延伸到世界各地，市场化和专业化程度更强，会展市场中资源配置成为重要因素，也起到重要作用，提高了会展参展水平。

第三，政府在推动会展创新发展方面应提供相应的支持，如在加快信息化进程、提升组织水平、健全会展产业链、完善展馆管理运营机制、深化国际合作等方面均提供相应的政策扶持，从而有利于会展业更快、更好、更高质量的发展。基于新时代的发展，优化会展布局同样很重要，调节国民经济结构及经济发展战略，可以促进区域经济重新布局和优化，形成一批有影响力的会展城市政府应完善配套场馆建设，定期发布会展名录，明确会展定位，鼓励更多特色会展、专业会展开展，并逐步培养一批有品牌、有文化内涵的会展活动。

二、武汉推进会展经济发展相关政策分析

（一）武汉政府角色转变

众所周知，会展具有极强的推动作用，可以促进经济的发展与社会进步，如果没有科学的引导，也有可能会导致会展行业盲目发展，导致无序竞争，引发会展市场的危机。武汉市政府应该积极转变职能，构建市场主导机制，政府应当适时退出会展管理，将主导会展逐步改为引导和服务会展。具体操作可以从以下几个方面入手。

第一，结合武汉文化、社会、经济、政治等发展情况制定完善的会展规划方案、会展政策以及绿色会展标准，优化外部环境，为武汉会展行业发展提供良好的平台与氛围。第二，根据武汉经济实力状况，与周围会展城市、发展良好的会展城市深入交流和合作，可以组织学习小组去学习，并发展其模式，但是这并不意味着照搬照抄，还需要根据武汉市的具体情况设计会展模式。第三，引导并培育知名会展，构建武汉品牌会展，提高武汉会展的影响力，建立数据信息平台，学习其他会展中心的运营经验，提高专业化操作。第四，鼓励市场化运作，发挥市场主导机制，强化市场的调节功能。第五，强化宣传与引导，

构建相应的激励措施，鼓励更多大规模、专业化的会展在武汉地区开展，丰富会展的类型。

（二）优化会展经济发展环境

通过近些年的发展，武汉市会展业已在国内取得了较大的成就，建立了的知名度。当前，武汉市政府应该明确定位，朝宏观引导与服务方面转型。要为武汉会展发展设计完善的规划，制定可行的政策，营造完善的环境，政府需要发挥好引领的作用。优化会展经济环境，可以从以下几个方面入手：

第一，完善会展行业标准。根据总规划、分步骤实施的原则，要尽快完善会展标准体系，从服务、节能、安保等标准入手，形成完善可行的标准框架，为会展行业发展提供模板。

第二，完善行业诚信体系。培育一批讲诚信的会展商，对修建展馆的设计方、建设方、参与会展的参展方等设计统一的诚信体系，推广信用服务及产品，构建诚信档案管理，对于披露虚假信息的企业进行黑名单管理，对于诚信经营者给予奖励，按照其贡献情况分类管理。

第三，强化知识产权保护。对知识产权法要进行修订，鼓励企业申请专利保护、商标注册保护，开发更多无形资产，提高对会展知识产权的认识与运用，拓展知识产权、基础资源的共享范围，让信息平台服务展览会的各方企业。

第四，组织高端发展论坛。立足于武汉产业发展基础，积极发展论坛经济，聘请高端策划机构，不断提升举办水平，积极承接和举办大型国际、国内科技、文化、产品和服务等论坛，通过走出去、请进来等方式，有效带动各类会展新业态发展。

（三）建立健全会展经济模式

完善的会展发展模式，是会展经济持续发展的保障和必备条件，相关部门应该重视会展发展模式的构建，要结合市场经济发展规律，尊重政策法规约束，协调会展相关机构，建立并健全会展经济发展模式，具体操作如下：

第一，创新会展经济专项资金账户，这些资金主要用途是扶持中小会展企业、品牌会展企业。至于专项资金的范围、规模可以根据地区经济发展情况确定，每年都要做好预算划拨，对自办展、合办展以及各种大型会展活动提供支持。还可以奖励表现较好的会展单位，将资金与人才引流融合，保障会展高水平与高质量发展。

第二，创新多种类型的办展模式，如政府、协会组织、企业联合办展，政府负责会展环境优化，监督管理，扶持资金申请；协会组织负责管理、规划展会，

三、武汉高等院校支持政策分析

当今国家之间的竞争就是人才竞争，人才是经济社会发展的第一动力源泉，是实现民族振兴、打造世界强国的战略性资源。我国建设会展强国急需大量高质量人才。因此，我国高校要积极推进供给侧改革，从人才培养目标定位、会展人才实践能力提升、会展学科体系的完善等多种角度着手，培养符合我国会展业发展需要的专业人才。而武汉作为教育资源丰富的大城市，高等院校分布较多，在开展会展专业人才培养的同时，也应该明确会展人才的定位，科学细分会展专业，根据学校办学特色、办学优势进行针对性培养和招生，完善理论教学与实践教学，保障会展教育的专业性，从而为社会源源不断输送会展专业人才。

（一）展现教育优势培养会展人才

会展业务的发展离不开人才的支持，对于会展人才培养主要分为三种类型：核心人才培养、辅助人才培养以及支持人才培养。当前武汉高校开设的高等教育以本科教育和专科教育为主，主要是依托管理专业形成的会展专业，并没有使用会展专业这样直接命名，可以看出会展专业人才的培养还有很大的提升空间。核心人才主要负责策划会展、营销会展、管理会展等工作，这部分人才水平较高、专业强，核心人才培养设置的课程突出多元化、宽泛性的特征，通过学校的专业培养，可以为会展企业、参展企业等输送高端管理人才，还有很多本专业的师资力量也需要专业的人才，以便将更多专业知识传授给学生们。但是会展业务与其他业务不同，其实践性较强，不仅要保障人才的专业能力，还要保障他们的实践操作能力，需要围绕会展行业的发展，培养更多复合型专业人才，为会展业发展提供人才支持。笔者通过调查会展公司了解到，会展工作内容复杂烦琐，且不同岗位对人才要求、岗位技能要求均不同，故此武汉市高校应该根据自身办学特征，参考会展市场的人才需求，定位会展具体环节，探索一条独具特色的人才培养道路，可以借鉴并参考其他学院的培养经验，如在条件允许的情况下，在知名大学开设会展经济专业课程，设立专门的会展策划研究方向，着力培养专业的会展人才。考虑到武汉高校会展专业的实际教育情况以及武汉会展行业的人才需求现状，建议从以下几个方面着手进行人才培养。

第一，明确会展学科设计与定位，创新体制化教学。从当前发展现状看，未来一段时期内，会展依然承担重要的经济责任，它将会延伸到激励管理、供需互动、产业关联、社会认同等方面，包含了全球经济治理、国际关系改善，这些都是会展活动需要承担的责任。在这样的背景下，会展发展依然会以产业展览、专业会展、大规模会展为主，其发展前景是可观的，为此高等院校学科建设应该抓住社会需求和市场需求，关注会展发展现实情况，科学定位会展专业，设计体制化教育是具有可行性的。

第二，高校会展教育可以实施校企合作教育。不仅要培养学生的专业理论知识，还需要提高学生的实践教育能力，丰富教学理论内容，提高会展实操能力，加上会展行业本身就对专业性要求高，结合当前武汉市会展教育的现状，可以学习德国教育的模式，开展武汉会展企业与高等院校合作教育的模式，这样可以专门为企业培养专业人才，产学研一体化。让实践与学习精准结合，提高学校毕业生的就业率，也满足了会展企业的人才需求。还要关注的一点，就是培养懂得技术的会展人才。随着信息技术的日新月异，智慧会展将会成为发展主流，除了要求人才具备会展专业知识外，还要精通各种技术，能够帮助企业解决各种技术上难题，通过企业与校园合作，构建并完善实习基地建设，强化校企合作，争取更多的技术支持和项目支持，定期开展模拟训练，学习并借鉴创客教育模式，鼓励大学生们积极参与到创业训练项目中。信息技术将会推动虚拟会展的发展，这样会展活动就会颠覆时空限制，运用智能化系统可以收集数据、运行数据并分析数据，从而形成了可视化数据群，降低了会展活动的机会成本，在日常教学与培养之中，可以尝试对学生传授一些虚拟技术的知识，使他们了解并掌握一定的信息操作技能。大数据引发了众多产业的变革发展，对于会展产业也是如此，要积极开展大数据技术的教育，为会展企业培养更多的数据人才。根据国家信息中心公布的数据显示，当前数据分析岗位人才缺失严重，高等院校人才培养应该结合社会需求调整培养结构，作为人才孕育摇篮的高等院校，应该适应社会需求和企业需求，强化多种方式办学，共同设计教学课程，搭建实习基地等，从而为企业输送、培养更多创新型、复合、实战人才。

第三、积极开展会展人才资质认证工作。高等院校、协会组织合作，可以提高人才的技能培养，提高从业者的综合素养与能力，很多会展工作者都是半路才踏入该行业，科班出身的从业者数量并不多，通过会展培训可在较短的时间内帮助从业者掌握会展活动需要的基本技能。由于行业的实践性强，人才培训认证应该以市场需求为导向，开展更多针对性的培训，如会议管理项目、展览运营项目等，对学员整体进行评估，了解其不足之处，并针对性地开展培训，提高其专业水平，通过实践验证人员的培训成效，并提高认证的含金量。

（二）完善会展学学科体系

为了提高会展专业辨识度，我们需要完善会展学学科体系，探索会展专业课程体系。会展学作为一门新兴交叉学科，涉及经济与管理学、旅游学、传播学等多学科。目前，我国将会展经济与管理划归在旅游管理大类，然而，会展所覆盖的会议、展览、节事活动和各类赛事等各种功能活动种类所在的"旅游管理"并不能涵盖会展经济与管理的全部内涵。由于健康成长的体制条件缺乏，会展专业的教学与发展相关的各种工作（如专业建设、学术研究、教育质量等）受到了一定影响，而无法合理有效地展开。因此，克服学科归属所产生的专业建设的局限，探索和确定会展学的学科体系、知识领域、教学模式和逻辑构架迫在眉睫。鉴于此，基于会展交叉学科的特征，武汉高校要充分利用教育资源的优势，积极开展教研活动，积极研究具核心共识和鲜明特色的人才培养定位和课程体系，为武汉会展人才培养打好基础。

（三）创建武汉会展教育的品牌优势

根据教育部门审批备案资料显示，开展会展类专业教育的高等院校超过了一百三十多所，在这样激烈的竞争下，如何形成会展教育品牌优势是值得研究的课题，与经济发达的、教育资源丰富的地区相比，武汉市会展教育发展水平一般，起步相对较晚，如何保障会展教育水平，提高会展教育的影响力，需要根据学校具体办学情况进行科学规划，拓展办学思路，发挥自身的长处。从近几年武汉教育现状看，会展教育主要是以会展管理、策划专业为主，但是会展综合性强，覆盖范围较广泛，不可能仅仅设置一个专业项目。会展行业涉及岗位多，要求均不同，故此，培养内容应该深入到具体岗位，展开具体设计。武汉教育资源丰富，各校纷纷设立了会展专业，但是细化教育却稍显不足，因此建议：明确教育目标是什么，对会展学科进行细分；根据学校教育资源和教育模式进行招生培养，注重专业教育与实践教育的结合。会展专业发展历史并不长，专业教师力量短缺，高校可以邀请国内外知名会展人员担任客座教授，鼓励老师深入会展企业中，集中学习和培训，为会展人才教育提供更多保障力量。

第十一章 新时代武汉会展经济发展的政策体制创新研究

一、完善会展行业政策法规,加大会展专项资金投入

作为法治国家,我国各行业需要具备完善的法律制度,也需要建设良好的法治体系。但是具体到会展行业的法律并没有涉及,如以会展或展览命名的立法并没有,发展至今还没有类似《会展法》《展览法》或者《会议促进法》的基本立法。会展行业发展规模日益扩大,立法可以推进会展诚信经营和自由发展,也可以督促会展企业之间有序、公平的竞争,从而以市场配置为主,运用法律力量,保障会展活动顺利开展。

除此之外,我国颁布执行《展会知识产权保护办法》已经有10多年的历史,但是国内重复办展的问题依然存在,这也说明了产权保护存在漏洞,会展产权侵权问题突出,政府需要完善相应的管理办法,以保障会展知识产权的科学管理。会展活动消耗大,影响了环境保护,为此我国早在2015年就制定了《会展业节能降耗工作规范》,提出绿色展会的要求,但是在该工作规范基础上,政府并没有下达配套方案,对绿色会展活动指导性不足,笔者建议构建与社会主义市场经济配套的特色鲜明的绿色会展标准体系,将其规划管理、节约能耗的管理形成制度,规范会展承办者和参与者的行为,为更多绿色会展活动提供切实可行的保障。

此外,武汉市还应该构建一个监管机制,主要负责管理武汉会展市场,规范市场秩序,出台并制定各种会展市场规则,制定行业规范,防止重复办展与恶性竞争。随着业务的虚拟化发展,智能技术的广泛运用会为绿色会展活动助力,这样借助信息技术,压缩了会展成本,减少了资源浪费,还推动了会展经济的持续健康发展。

二、增强政府服务职能，开辟会展绿色通道

会展行业具有多行业交叉的特征，它并非独立的行业，与餐饮业、交通业、旅游业等息息相关，从某些方面看，会展行业是一个完整的系统工程，会展行业发展的好坏也会影响到其他相关行业的发展。作为管理者的武汉市政府肩负着重大责任，在促进会展经济发展方面应该主动加强相关职能部门的协同合作，如海关、税务、工商、城管、交通等部门，还要简化审批环节与程序，提高办事效率，提高会展审批速度。在开展活动期间，相关政府单位应该做好后台保障，做好场馆附近的交通管制与维护，提供良好的交通环境，完善路线划分，保障展会通道畅通。在必要时刻可以申请开辟绿色通道，并布置上相关提示标语。在展会入口位置应该放置醒目的标语、广告牌等，这样可以形成良好的氛围。除了这些基本操作之外，还应该构建"武汉会展信息平台"APP，用户可以直接网上浏览相关展会信息，实时更新信息，让政府、会展企业、参会成员保持良好的沟通。政府还要做好服务宣传工作，借助网络、报纸、电视媒体等宣传好此次会展活动，构建品牌会展，培养优秀且有内涵的会展，通过宣传，提高外界对武汉会展的认知和理解，提高武汉的知名度与影响力。政府可以运用大数据技术收集处理各种会展信息，提取有商业价值的信息，完善数据统计标准，对数据进行深入分析，找出数据异常之处，从而通过数据分析看出会展情况、消费情况等，还可将数据与往年历史数据对比，找出本次办展的不足，为下一次办展制定科学和合理的规划。

特别是对那些重大紧急的会展活动，会展机构在申请办理过程中，政府职能部门应根据职责，提供更多的便利性和指导性的工作，便于办理机构能够快速地完成各项审批流程，提高办事效率。而对有特殊情况的申报会展机构，在政策允许的范围内，提供绿色通道，帮助会展机构快速解决问题。

三、提高会展协会服务水平，增强协会自律意识

行业协会如同一条纽带，这一端连接了政府，是政府的好助手，另一端连接了企业，是企业的引导者，能够对企业提供很多综合性服务，回答企业的咨询，评估、统计企业的发展，协调各种市场问题。而武汉市会展行业协会成立至今已经有十几年的发展历史，它从小规模到如今的专业协会组织，经过了各种考验与挑战。当前，经武汉政府授权，武汉会展协会对全市会展企业进行统一归口管理，简化与规范展会的报批手续等。协会还负责帮助政府宣传与会展相关的政策，定期通报本市会展发展情况，完善设计会展行业制度，维持政府的利益，

也维护会展市场的发展秩序，从而实现真正的双赢目标。会展协会对会展经济的产业化和规范化发展起到了关键性作用，会展协会根据国家法律法规和政府规范手册，制定会展行业的服务体系及规范体系，确定展览标准的评估体系，促进展览行业的良性循环。

武汉市会展协会组织应制定合理的制度，并带头履行职责，强化高等院校与企业的联系，推进校企合作教育和合作交流，解决高等院校的人才就业问题，解决企业对人才的需求，在每次会展活动中要对会展结果进行总结，为之后举办会展提供借鉴和参考，形成行业内参报告，发放给各个会展企业。

此外，武汉市会展协会组织还应该强化服务水平，强化会展认证管理与立项管理，加强参会企业的审核，强化主办会展的资格认证。当前武汉会展协会组织中会员企业已经达到上百家，覆盖了旅游业、展馆建设、展馆设计等各个行业，这些成员加入组织以来，形成了很强的自律意识，坚持履行自身的责任，并梳理了企业标准。从市场经济的角度来说，这样的经济发展模式对武汉会展经济的积极影响并不大，应该尽快形成权职分明、职务明晰的机制，以期实现产业效率的最大化。具体而言体现在以下几方面。

（一）淡化会展业中的政府色彩

一要改变政府在举办会展中大包大揽的现象，减少政府的干预与主导，放权给市场，转化政府的职能，这样可以推进会展市场化进程，也可以减少政府的财政压力与管理负担。二是创新采买外包服务机制，拓展购买服务的范围，减少政府人员参与筹备，这样可以节约更多的力量去做专业的工作，让更多专业人才在活动中发挥作用，保障会展活动的专业水平。三是强化优秀承办方的培育，为其提供优惠政策，设立多种激励机制，激发更多优秀承办商参与到会展活动中。

（二）理顺行政管理体系

一要完善会展审批管理机制，实施一个窗口办理的改革，减少多次跑腿、多次办理的问题，节约办理成本。制定并完善审批工作制度，强化对会展工作的监管、追责，严格制止一些寻租行为，并开设绿色监督渠道，接受外部群众的监督。二是建设分管领导机制，创新联合决策会议制度，会展的决议可以由多个分管领导通过协商会议的方式决定，保障决策的民主科学，通过规范制度加强各部门间的沟通、统筹和协作。各部门共同为会展业的发展提供方向的引导和政策的支持。三要加大政府对会展业的扶持力度，解决会展业发展中的痛点和难点，根据不同类型的会展活动设计不同的政策，帮助会展活动顺利开展，还可提供会展企业资金扶持政策,如增加财政专项资金的扶持力度(包括扩大扶持范围);为有困难的会展企业解决流动资金贷款的渠道(包括财政贴息)。将政府自办的会展项目交由企业承办,也是一种扶持。会展企业在申请资金贷款中具有一定困难,无论是申请的渠道还是申请资格和审批流程,都较为烦琐,且利率也相对较高,显著增加企业的运营成本。政府应根据会展活动类型以及经济贡献,提供相应会展企业的资金支持政策,充实会展企业的发展底气。此外,重点引导展览业与文化旅游业、芯片技术、汽车智能制造、生物医药、新能源和航空航天产业联动发展,为武汉会展业发展做出清晰、准确的定位,加强对武汉会展业发展的宏观指导与顶层设计,坚持专业化、国际化、品牌化和智慧化方向,倡导绿色会展、生态会展的理念,充分发挥服务引导、统筹规划的作用。

参考文献

[1] 安然, 沈华文. 澳门会展业发展特征及提升对策研究[J]. 科技和产业, 2017, 17(10):24-28.

[2] 安婷. 陕西会展产业发展途径研究[J]. 陕西广播电视大学学报, 2020,22(2):56-58.

[3] 白鸥, 李拓宇. 会展产业联盟治理与合作行为：杭州会议产业联盟的案例研究[J]. 旅游导刊, 2020,4(3):62-86.

[4] 蔡礼彬, 沈守琴. 基于因子分析的城市会展业规划指标体系研究[J]. 河南工业大学学报(社会科学版),2011,7(4):62-67.

[5] 蔡丽伟. 北京国际商贸中心建设与会展业发展建议[J]. 北京财贸职业学院学报,2011,27(4):12-15.

[6] 曹燕雯, 方微. "一带一路"战略背景下杭州会展企业的机遇挑战与对策[J]. 中外企业家,2015(34):4-6.

[7] 曹雨婷. 会展产业生态化建设[J]. 现代商业,2020(20):53-54.

[8] 曾兴, 张鸣浩. "一带一路"背景下四川文化会展业的发展思路[J]. 四川省干部函授学院学报,2018(4):12-16.

[9] 柴秋霞. 数字媒体视角下会展设计的媒介分析与实践研究[J]. 艺术与设计(理论),2014,12(12):67-69.

[10] 常引, 郭利. 浅析陕西省会展业可持续发展[J]. 现代经济信息,2011(24):330.

[11] 陈国平, 姚枝仲, 李众敏. 如何实现澳门的长期繁荣?[J]. 国际经济评论,2012(6):150-159,8.

[12] 陈佳丽. 会展业与文化创意产业互动发展模式研究[J]. 商场现代化,2017(23):186-187.

[13] 陈骞. 基于会展市场"说谎行为"的博弈分析[J]. 中小企业管理与科技(下旬刊),2012(11):150-152.

[14] 陈淼芬,周跃斌.促进茶业会展经济发展的策略探讨[J].茶叶通讯,2011,38(4):36-39.

[15] 陈姝,陈俊浩.苏南地区农业会展发展现状及提升路径探究[J].现代农业研究,2020,26(6):3-5.

[16] 陈松,惠青.海南省会展业发展的制约因素分析与对策研究[J].市场研究,2019(12):20-23.

[17] 陈雅茜.浅析影响会展企业建立战略联盟关系的因素[J].经济研究导刊,2019(34):7-8.

[18] 陈亚婷,温志超.新常态背景下南昌市会展业的发展途径研究[J].现代经济信息,2015(22):496.

[19] 陈亚婷.刍议会展教育中VR技术的应用[J].科技经济导刊,2020,28(17):146-147.

[20] 陈亚婷.会展与旅游的联动效应及发展模式探讨[J].科技展望,2015,25(28):218.

[21] 陈云妮,苏莉娟.重庆会展信息化管理对策研究[J].企业技术开发,2014,33(12):70-71.

[22] 陈泽炎.四城市会展条例之比较研究[J].中国会展,2020(11):46-49.

[23] 陈梓宁,王晓宇."智慧"视角下大连发展会展旅游业的优势与对策研究[J].对外经贸,2015(12):55-57.

[24] 程冲.互联网时代会展业发展新趋势分析[J].山西财税,2018(12):44-45.

[25] 程冲.会展服务对传统会展品牌持续性发展的影响分析——基于服务利润链理论视角[J].山西财政税务专科学校学报,2016,18(5):47-50.

[26] 程咏梅.论城市会展业经济[J].内蒙古科技与经济,2011(24):44.

[27] 邓芳.中国会展旅游的发展现状及应对策略[J].中国商贸,2014(29):180-181.

[28] 刁硕.沈阳特色会展业的发展战略研究[J].商场现代化,2012(33):139.

[29] 丁蓉.长三角会展业联动发展的问题及对策[J].山东农业工程学院学报,2019,36(12):72-73,132.

[30] 丁毅.海口会展业发展面临的机遇和挑战[J].现代商业,2012(33):116.

[31] 豆晓宁,雷可为,刘晓莉,等.会展旅游对西安市城市竞争力提升的对策探讨[J].中国商贸,2011(36):170-171.

[32] 段金萍.合肥建设区域性会展中心城市研究[J].商业经济,2013(22):41-42,69.

[33] 段兆雯,张兆琴,苏静.外语类高校会展专业人才培养提升策略研究——以西安外国语大学为例[J].学理论,2017(11):191-193.

[34] 方璐萍. 创新 2.0 时代会展企业新媒体整合营销模式研究 [J]. 开封教育学院学报 ,2016,36(10):274–275.

[35] 方璐萍. 福建自贸区背景下会展企业塑造品牌展会研究 [J]. 蚌埠学院学报 ,2020,9(3):36–40.

[36] 方璐萍. 基于产业转型视角下我国会展业的发展及对策探讨 [J]. 中国商论 ,2016(27):133–134.

[37] 冯晶. 浅谈会展广告的表现形式及特点 [J]. 现代经济信息 ,2013(22):446.

[38] 冯守宇. 呼和浩特市会展业发展刍议 [J]. 现代营销 (学苑版),2011(11):160–162.

[39] 冯守宇. 浅析呼和浩特市会展业的发展优势 [J]. 现代营销 (学苑版),2011(12):162–163.

[40] 高耀松. 后世博长三角会展业态发展研究 [J]. 科学发展 ,2012(12):23–34.

[41] 葛文全. 浅议会展业与中国城市发展的关系 [J]. 赤峰学院学报 (自然科学版),2013,29(22):51–52.

[42] 郭晶. 会展业对民族地区经济发展的拉动效应分析——以内蒙古为例 [J]. 内蒙古科技与经济 ,2014(24):9–10.

[43] 杭宇. 中美德会展人才培养模式之比较研究 [J]. 现代商业 ,2011(35):265–266.

[44] 郝华. 会展危机预防与事后处理对策 [J]. 现代经济信息 ,2014(23):113,119.

[45] 郝容. 会展活动中新媒体的应用研究 [J]. 中国商论 ,2016(28):172–173.

[46] 何彪 , 武慧慧. 海南会展产业与 "一带一路" 倡议融合发展研究 [J]. 经济论坛 ,2017(11):35–37.

[47] 胡琼. 探讨信息化与传统会展业融合发展新趋势 [J]. 才智 ,2013(32):308–309.

[48] 胡悦. 浅论会展业人力资源管理——以长春汽车博览会为例 [J]. 现代交际 ,2017(21):188.

[49] 黄秀微. 城市会展旅游发展潜力影响因素分析 [J]. 经济研究导刊 ,2011(33):159–160.

[50] 黄雨芬 , 王晓宇. "互联网 +" 背景下大连会展业转型升级研究 [J]. 对外经贸 ,2015(11):69–71.